#2주+2주
#쉽게
#빠르게
#재미있게

한자 전략 완성

#한자 급수 시험 대비부터 #창의 융합 사고력까지 #지루하지 않게 급수 시험 준비하기

한자 전략 시리즈 구성

1단계~6단계

8급

1단계 A, B

7급Ⅱ

2단계 A, B

7급

3단계 A, B

6급Ⅱ

4단계 A, B

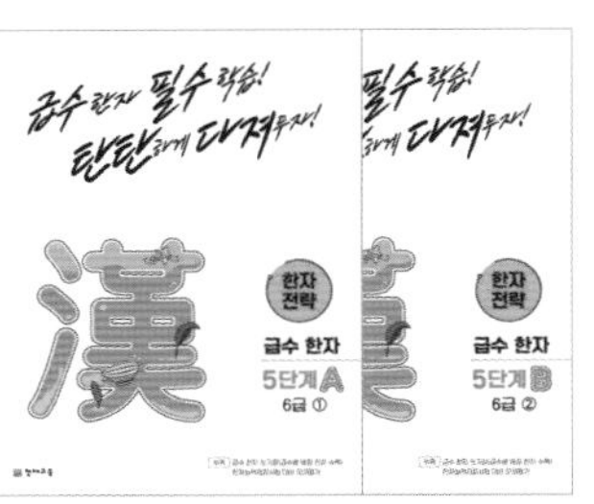

6급

5단계 A, B

5급Ⅱ

6단계 A, B

심화 학습

심화 한자로 익히는
교과 학습 한자어

급수별 배정 한자 수록
한자 쓰기장

실제 시험 대비
모의 평가

쉽게, 빠르게, 재미있게!

부모님과 함께하는 한자 전략

한자의 모양 • 음(소리) • 뜻을 빠짐없이 완벽 습득

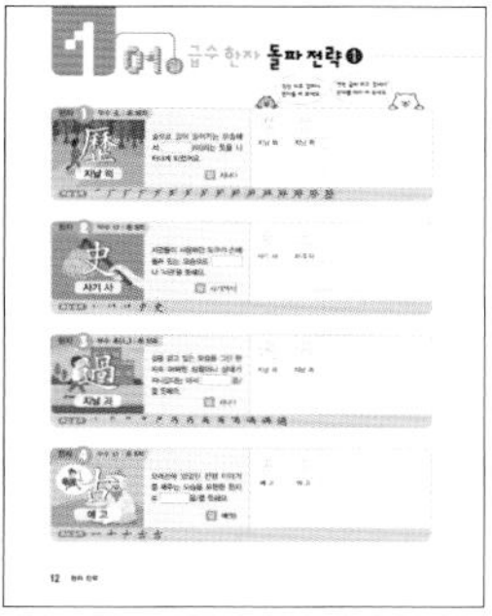

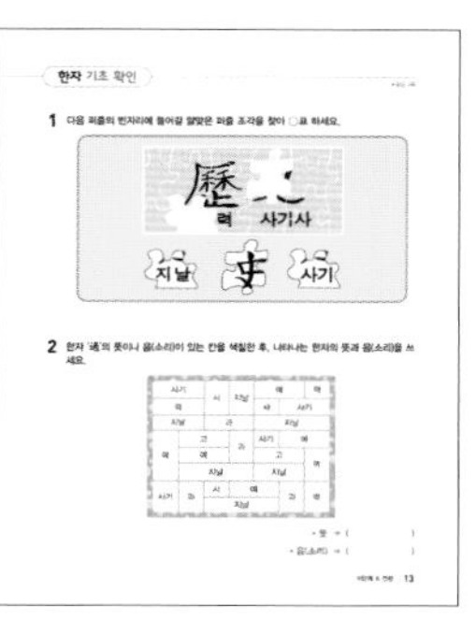

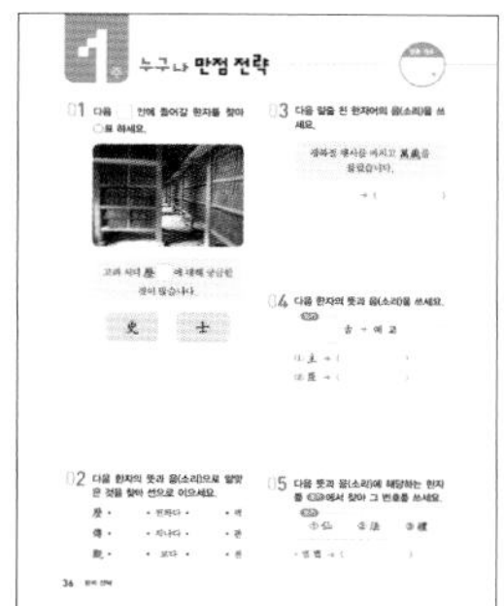

- 한 번에 한자를 떠올릴 수 있게 도와줄 그림과 빈칸 채우기 활동으로 한자를 기억할 수 있도록 지도해 주세요.
- 다양한 문제를 풀며 반복 학습을 할 수 있게 해 주세요.

뜻부터 활용까지 알찬 한자어 학습

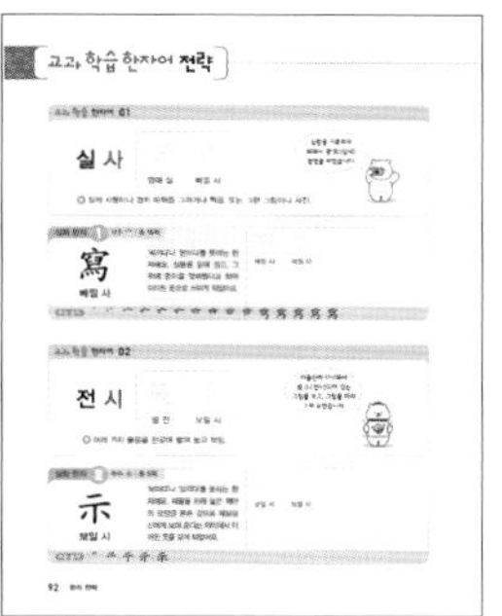

- 한자어와 관련된 그림을 보며 한자어의 의미를 떠올리도록 지도해 주세요.
- 한자어가 활용된 문장을 함께 읽으며 생활 속 어휘 실력을 키워 주세요.

기출 유형부터 창의력 UP 신유형 문제까지!

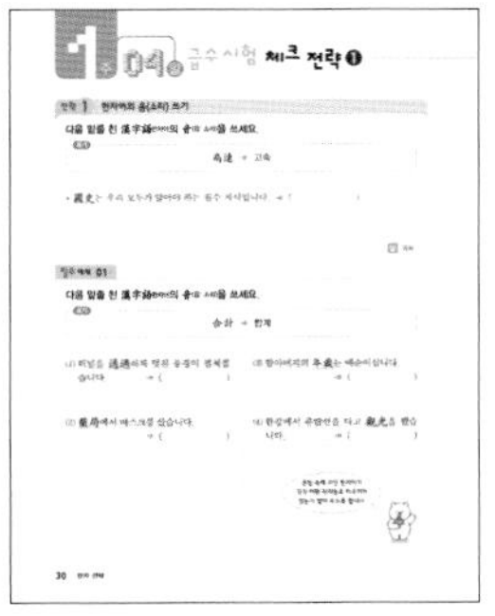

- 다양한 급수 시험 유형 문제를 통해 효율적으로 시험을 대비할 수 있도록 지도해 주세요.
- 만화, 창의•융합•코딩, 신유형•신경향•서술형 문제를 풀며 재미있게 공부하도록 이끌어 주세요.

Chunjae
Makes
Chunjae

▼

[한자 전략]

편집개발 최은혜, 정환진, 송예신
디자인총괄 김희정
표지디자인 윤순미, 김주은
내지디자인 박희춘, 유보경
삽화 양종은, 신은영, 정윤슬, 권도언, 장현아
제작 황성진, 조규영

발행일 2023년 3월 1일 초판 2023년 3월 1일 1쇄
발행인 (주)천재교육
주소 서울시 금천구 가산로9길 54
신고번호 제2001-000018호
고객센터 1577-0902

※ 정답 분실 시에는 천재교육 교재 홈페이지에서 내려받으세요.
※ KC 마크는 이 제품이 공통안전기준에 적합하였음을 의미합니다.
※ 주의
책 모서리에 다칠 수 있으니 주의하시기 바랍니다.
부주의로 인한 사고의 경우 책임지지 않습니다.
8세 미만의 어린이는 부모님의 관리가 필요합니다.

6단계 A 5급 Ⅱ ①

전편

이 책의 구성과 특징 — 2주 + 2주 완성

주 도입 만화

재미있는 만화를 보면서 한 주에 학습할 한자를 미리 만나 볼 수 있습니다.

급수 한자 돌파 전략 ❶, ❷

급수 한자 돌파 전략 ❶에서는 주제별로 뽑은 급수 한자의 모양·음(소리)·뜻을 학습합니다.

급수 한자 돌파 전략 ❷에서는 문제를 풀며 학습 내용을 확인합니다.

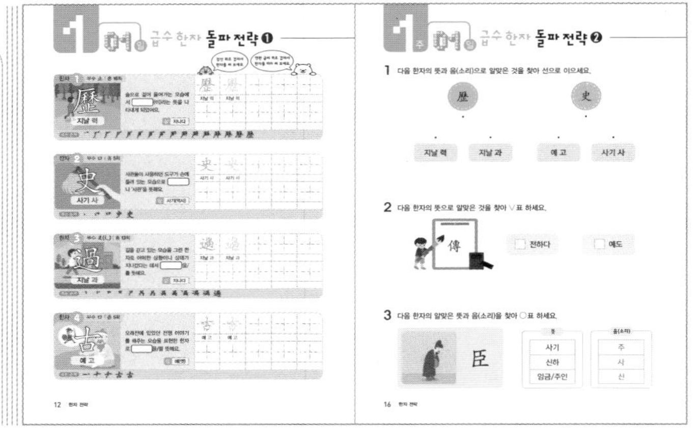

급수 한자어 대표 전략 ❶, ❷

급수 한자어 대표 전략 에서는 1, 2일차에서 학습한 한자가 포함된 대표 한자어를 학습합니다.

급수 한자어 대표 전략 에서는 문제를 풀며 한자어의 뜻과 활용을 복습합니다.

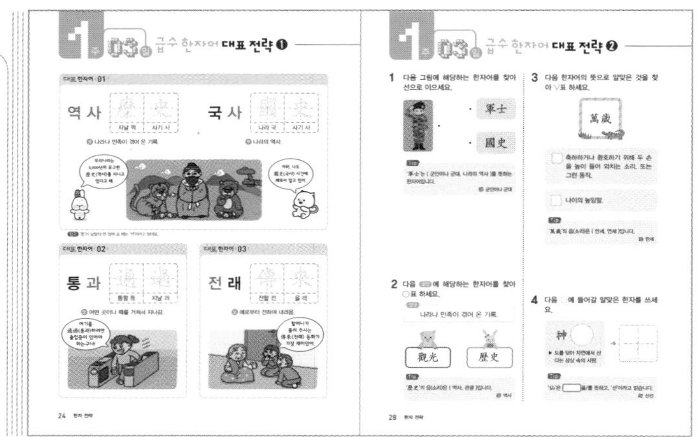

1주에 4일 구성+1일에 6쪽 구성

급수 시험 **체크 전략 ❶, ❷**

급수 시험 체크 전략 ❶은 시험에 꼭 나오는 유형을 모아 학습합니다.

급수 시험 체크 전략 ❷에서는 실전 문제를 풀어 보며 시험을 대비합니다.

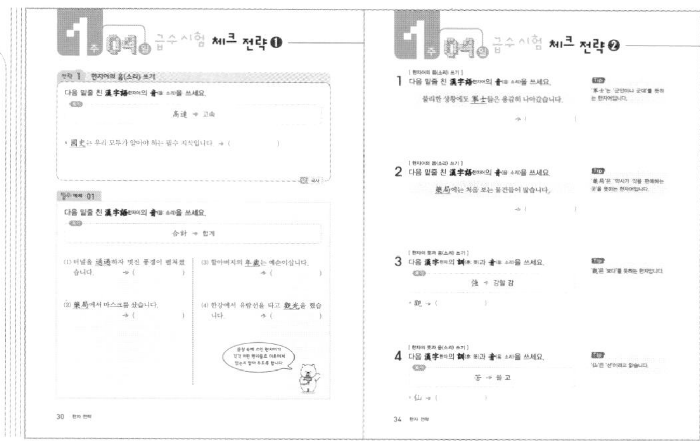

주 마무리

누구나 만점 전략
누구나 풀 수 있는 쉬운 문제를 풀며 학습 자신감을 높일 수 있습니다.

창의융합코딩 전략
융·복합적 사고력을 길러 주는 재미있는 문제를 만날 수 있습니다.

권 마무리

전·후편 마무리 전략
만화를 보며 학습을 재미있게 마무리 할 수 있게 하였습니다.

신유형·신경향·서술형 전략
문제 해결력을 기를 수 있는 새로운 문제들을 단계별로 제시하였습니다.

적중 예상 전략 1~2회
총 2회로 실제 급수 시험을 준비할 수 있도록 구성하였습니다.

교과 학습 한자어 전략
교과 학습 시 자주 만나는 한자어와 5급 심화 한자를 함께 학습할 수 있도록 구성하였습니다.

이 책의 차례

전편

후편

장사 한자 8쪽

유통 한자 42쪽

5급 Ⅱ 배정 한자 총 400자

은 6단계 A 전편 학습 한자, 은 후편 학습 한자입니다.

ㄱ

價	家	歌	各	角	間	感	強	江	開
값 가	집 가	노래 가	각각 각	뿔 각	사이 간	느낄 감	강할 강	강 강	열 개
客	車	格	見	決	結	敬	京	計	界
손 객	수레 거|수레 차	격식 격	볼 견|뵈올 현	결단할 결	맺을 결	공경 경	서울 경	셀 계	지경 계
告	高	苦	古	功	公	空	工	共	課
고할 고	높을 고	쓸 고	예 고	공 공	공평할 공	빌 공	장인 공	한가지 공	공부할/과정 과
科	過	果	觀	關	廣	光	交	教	校
과목 과	지날 과	실과 과	볼 관	관계할 관	넓을 광	빛 광	사귈 교	가르칠 교	학교 교
具	球	區	九	舊	口	局	國	郡	軍
갖출 구	공 구	구분할/지경 구	아홉 구	예 구	입 구	판 국	나라 국	고을 군	군사 군
根	近	今	金	急	級	基	己	旗	記
뿌리 근	가까울 근	이제 금	쇠 금|성 김	급할 급	등급 급	터 기	몸 기	기 기	기록할 기
氣	ㄴ 男	南	內	女	年	念	農	能	ㄷ 多
기운 기	사내 남	남녘 남	안 내	여자 녀	해 년	생각 념	농사 농	능할 능	많을 다
團	短	答	當	堂	代	對	待	大	德
둥글 단	짧을 단	대답 답	마땅 당	집 당	대신할 대	대할 대	기다릴 대	큰 대	큰 덕
圖	道	度	到	讀	獨	冬	洞	東	童
그림 도	길 도	법도 도|헤아릴 탁	이를 도	읽을 독|구절 두	홀로 독	겨울 동	골 동|밝을 통	동녘 동	아이 동
動	同	頭	等	登	ㄹ 樂	朗	來	良	旅
움직일 동	한가지 동	머리 두	무리 등	오를 등	즐길 락|노래 악|좋아할 요	밝을 랑	올 래	어질 량	나그네 려

歷	力	練	例	禮	路	老	勞	綠	類
지날 력	힘 력	익힐 련	법식 례	예도 례	길 로	늙을 로	일할 로	푸를 록	무리 류
流	陸	六	理	里	李	利	林	立	ㅁ 萬
흐를 류	뭍 륙	여섯 륙	다스릴 리	마을 리	오얏/성 리	이할 리	수풀 림	설 립	일만 만
望	每	面	命	明	名	母	目	木	文
바랄 망	매양 매	낯 면	목숨 명	밝을 명	이름 명	어머니 모	눈 목	나무 목	글월 문
聞	門	問	物	米	美	民	ㅂ 朴	班	反
들을 문	문 문	물을 문	물건 물	쌀 미	아름다울 미	백성 민	성 박	나눌 반	돌이킬/돌아올 반
半	發	放	方	百	白	番	法	變	別
반 반	필 발	놓을 방	모 방	일백 백	흰 백	차례 번	법 법	변할 변	다를/나눌 별
兵	病	福	服	本	奉	部	夫	父	北
병사 병	병 병	복 복	옷 복	근본 본	받들 봉	떼 부	지아비 부	아버지 부	북녘 북|달아날 배
分	不	ㅅ 四	社	史	士	仕	事	死	使
나눌 분	아닐 불	넉 사	모일 사	사기 사	선비 사	섬길 사	일 사	죽을 사	하여금/부릴 사
産	算	山	三	商	相	上	色	生	書
낳을 산	셈 산	메 산	석 삼	장사 상	서로 상	윗 상	빛 색	날 생	글 서
西	石	席	夕	鮮	先	仙	線	雪	說
서녘 서	돌 석	자리 석	저녁 석	고울 선	먼저 선	신선 선	줄 선	눈 설	말씀 설|달랠 세
省	姓	性	成	洗	歲	世	所	消	小
살필 성|덜 생	성 성	성품 성	이룰 성	씻을 세	해 세	인간 세	바 소	사라질 소	작을 소

5급 Ⅱ 배정 한자 총 400자

少	束	速	孫	首	樹	手	數	水	宿
적을 소	묶을 속	빠를 속	손자 손	머리 수	나무 수	손 수	셈 수	물 수	잘 숙|별자리 수
順	術	習	勝	時	始	市	食	式	植
순할 순	재주 술	익힐 습	이길 승	때 시	비로소 시	저자 시	밥/먹을 식	법 식	심을 식
識	臣	神	身	信	新	實	失	室	心
알 식	신하 신	귀신 신	몸 신	믿을 신	새 신	열매 실	잃을 실	집 실	마음 심
十	ㅇ 兒	惡	安	愛	夜	野	約	藥	弱
열 십	아이 아	악할 악|미워할 오	편안 안	사랑 애	밤 야	들 야	맺을 약	약 약	약할 약
養	陽	洋	語	言	業	然	永	英	午
기를 양	볕 양	큰바다 양	말씀 어	말씀 언	업 업	그럴 연	길 영	꽃부리 영	낮 오
五	溫	王	外	要	勇	用	友	雨	右
다섯 오	따뜻할 온	임금 왕	바깥 외	요긴할 요	날랠 용	쓸 용	벗 우	비 우	오를/오른(쪽) 우
雲	運	園	遠	元	月	偉	油	由	有
구름 운	옮길 운	동산 원	멀 원	으뜸 원	달 월	클 위	기름 유	말미암을 유	있을 유
育	銀	飮	音	邑	意	衣	醫	二	以
기를 육	은 은	마실 음	소리 음	고을 읍	뜻 의	옷 의	의원 의	두 이	써 이
人	任	一	日	入	ㅈ 字	者	自	子	昨
사람 인	맡길 임	한 일	날 일	들 입	글자 자	사람 자	스스로 자	아들 자	어제 작
作	章	長	場	在	材	財	才	的	電
지을 작	글 장	긴 장	마당 장	있을 재	재목 재	재물 재	재주 재	과녁 적	번개 전

典	戰	前	全	傳	展	切	節	店	情
법 전	싸움 전	앞 전	온전 전	전할 전	펼 전	끊을 절|온통 체	마디 절	가게 점	뜻 정
庭	正	定	弟	題	第	調	朝	祖	族
뜰 정	바를 정	정할 정	아우 제	제목 제	차례 제	고를 조	아침 조	할아버지 조	겨레 족
足	卒	種	左	州	週	晝	注	主	住
발 족	마칠 졸	씨 종	왼 좌	고을 주	주일 주	낮 주	부을 주	임금/주인 주	살 주
中	重	知	地	紙	直	質	集	ㅊ 着	參
가운데 중	무거울 중	알 지	땅 지	종이 지	곧을 직	바탕 질	모을 집	붙을 착	참여할 참
窓	責	川	千	天	淸	靑	體	草	寸
창 창	꾸짖을 책	내 천	일천 천	하늘 천	맑을 청	푸를 청	몸 체	풀 초	마디 촌
村	秋	春	出	充	親	七	ㅌ 太	宅	土
마을 촌	가을 추	봄 춘	날 출	채울 충	친할 친	일곱 칠	클 태	집 택	흙 토
通	特	ㅍ 八	便	平	表	品	風	必	筆
통할 통	특별할 특	여덟 팔	편할 편|똥오줌 변	평평할 평	겉 표	물건 품	바람 풍	반드시 필	붓 필
ㅎ 下	夏	學	韓	漢	合	海	害	行	幸
아래 하	여름 하	배울 학	한국/나라 한	한수/한나라 한	합할 합	바다 해	해할 해	다닐 행|항렬 항	다행 행
向	現	形	兄	號	畫	花	化	話	火
향할 향	나타날 현	모양 형	형 형	이름 호	그림 화|그을 획	꽃 화	될 화	말씀 화	불 화
和	活	黃	會	效	孝	後	訓	休	凶
화할 화	살 활	누를 황	모일 회	본받을 효	효도 효	뒤 후	가르칠 훈	쉴 휴	흉할 흉

1
주

역사 한자

뭘 그렇게
재밌게 봐?
부기가 추천해 준
전(傳)래 동화를 읽고
있어.
전래동화

전래 동화?
옛날[古] 사람들이
쓴 이야기를
말하는 거야?

슥
착
맞아. 전(傳)래 동화를
읽어 보면, 옛날 사람들의
삶의 모습도 알 수 있고
교훈도 얻을 수 있어.

너도 한 권 읽어봐.
이 책에는 신선[仙]과
선비[士]가 등장해.
전래동화

학습할 한자

❶ 歷 지날 **력** ❷ 史 사기 **사** ❸ 過 지날 **과** ❹ 古 예 **고** ❺ 傳 전할 **전** ❻ 禮 예도 **례**
❼ 主 임금/주인 **주** ❽ 臣 신하 **신** ❾ 歲 해 **세** ❿ 觀 볼 **관** ⓫ 士 선비 **사** ⓬ 仙 신선 **선**
⓭ 法 법 **법** ⓮ 典 법 **전** ⓯ 展 펼 **전** ⓰ 局 판 **국**

1주 04일 급수 한자 돌파 전략 ❶

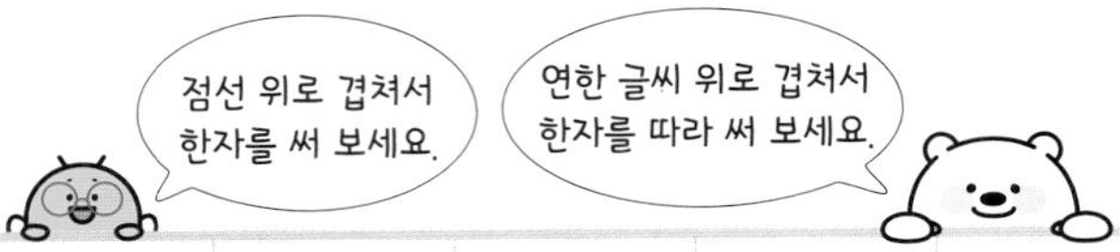

점선 위로 겹쳐서 한자를 써 보세요.

연한 글씨 위로 겹쳐서 한자를 따라 써 보세요.

한자 1 부수 止 | 총 16획

歷 지날 력

숲으로 걸어 들어가는 모습에서 (   )(이)라는 뜻을 나타내게 되었어요.

답 지나다

歷 지날 력 歷 지날 력

쓰는 순서 一 厂 厂 厅 厍 厍 厍 厍 厍 厤 厤 厤 厤 歷 歷 歷

한자 2 부수 口 | 총 5획

史 사기 사

사관들이 사용하던 도구가 손에 들려 있는 모습으로 (   )나 '사관'을 뜻해요.

답 사기(역사)

史 사기 사 史 사기 사

쓰는 순서 丶 口 口 中 史

한자 3 부수 辵(辶) | 총 13획

過 지날 과

길을 걷고 있는 모습을 그린 한자로 어떠한 상황이나 상태가 지나갔다는 데서 (   )을/를 뜻해요.

답 지나다

過 지날 과 過 지날 과

쓰는 순서 丨 冂 冂 冎 冎 冎 咼 咼 咼 咼 過 過 過

한자 4 부수 口 | 총 5획

古 예 고

오래전에 있었던 전쟁 이야기를 해주는 모습을 표현한 한자로 (   )을/를 뜻해요.

답 예(옛)

古 예 고 古 예 고

쓰는 순서 一 十 十 古 古

한자 기초 확인

▶정답 2쪽

1 다음 퍼즐의 빈자리에 들어갈 알맞은 퍼즐 조각을 찾아 ◯표 하세요.

2 한자 '過'의 뜻이나 음(소리)이 있는 칸을 색칠한 후, 나타나는 한자의 뜻과 음(소리)을 쓰세요.

사기 | 사 | 지날 | 예 | 력
력 | 사 | 사기
지날 | 과 | 지날
력 | 고 | 과 | 사기 | 예
예 | 고 | 력
지날 | 지날
사기 | 과 | 사 | 예 | 과 | 력
지날

• 뜻 → ( )

• 음(소리) → ( )

급수 한자 돌파 전략 ❶

점선 위로 겹쳐서 한자를 써 보세요.

연한 글씨 위로 겹쳐서 한자를 따라 써 보세요.

한자 5 부수 人(亻) | 총 13획

傳 전할 전

사물을 이 사람에게서 저 사람에게 전하는 모습을 나타낸 한자로 ( )을/를 뜻해요.

답 전하다

傳 傳 전할 전 전할 전

쓰는 순서 丿 亻 亻 亻 亻 亻 亻 俥 俥 俥 傳 傳 傳 약자 伝

한자 6 부수 示 | 총 18획

禮 예도 례

그릇에 곡식을 가득 담아 신에게 감사 인사를 하는 모습에서 ( )(이)라는 뜻이 생겼어요.

답 예도

禮 禮 예도 례 예도 례

쓰는 순서 ⼀ 二 亍 亓 示 示 礻 礻 礻 礻 礻 禮 禮 禮 禮 禮 禮 禮 약자 礼

한자 7 부수 丶 | 총 5획

主 임금/주인 주

촛대를 그린 한자로 한 집안을 밝혀야 할 사람이라는 의미에서 ❶ ( ), ❷ ( )을/를 뜻해요.

답 ❶ 임금 ❷ 주인

主 主 임금/주인 주 임금/주인 주

쓰는 순서 丶 亠 亠 キ 主

한자 8 부수 臣 | 총 6획

臣 신하 신

고개 숙인 사람의 눈을 그린 한자로, ( )을/를 뜻해요.

답 신하

臣 臣 신하 신 신하 신

쓰는 순서 一 丅 五 五 五 臣

한자 기초 확인

▶정답 2쪽

3 다음 뜻과 음(소리)에 맞는 한자를 선으로 이으며 상자를 배달하세요.

4 다음 빈칸에 한자의 뜻과 음(소리)을 쓰세요.

급수 한자 돌파 전략 ❷

1 다음 한자의 뜻과 음(소리)으로 알맞은 것을 찾아 선으로 이으세요.

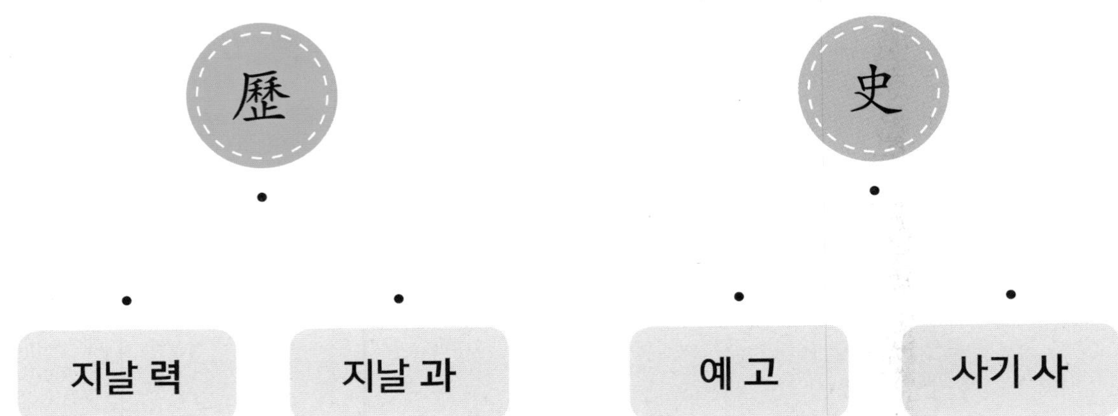

2 다음 한자의 뜻으로 알맞은 것을 찾아 ∨표 하세요.

3 다음 한자의 알맞은 뜻과 음(소리)을 찾아 ○표 하세요.

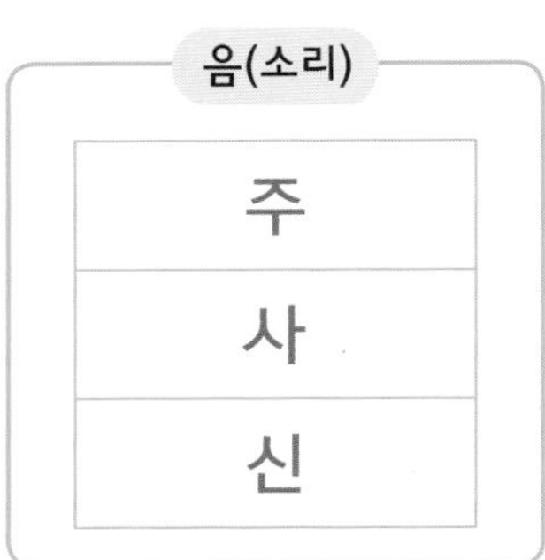

▶정답 2쪽

4 다음 한자의 뜻과 음(소리)을 쓰세요.

5 다음 문장의 내용이 맞으면 '예', 틀리면 '아니요'에 ○표 하세요.

예　　아니요

6 다음 밑줄 친 말에 해당하는 한자를 보기 에서 찾아 그 번호를 쓰세요.

보기

① 史　　② 過　　③ 傳

• 비행기가 지나가는 모습을 바라보았습니다.

➜ (　　　　　　)

급수 한자 돌파 전략 ❶

점선 위로 겹쳐서 한자를 써 보세요.

연한 글씨 위로 겹쳐서 한자를 따라 써 보세요.

한자 1 부수 止 | 총 13획

歲 해 세

낫을 들고 들에서 한 해 동안 기른 농작물을 수확하는 모습을 나타낸 한자로 ( ) 또는 나이를 뜻해요.

답 해

歲 해 세 / 歲 해 세

쓰는 순서 丨 ⺊ 𠂇 止 产 产 芦 崇 崇 蕨 歳 歲 歲

한자 2 부수 見 | 총 25획

觀 볼 관

'나무 위에 올라가 있는 황새처럼 넓게 보다'라는 의미에서 ( )을/를 뜻해요.

답 보다

觀 볼 관 / 觀 볼 관

쓰는 순서 (25획) 약자 观

한자 3 부수 士 | 총 3획

士 선비 사

학문을 닦는 사람을 일컫는 것으로 ( )을/를 뜻해요.

답 선비

士 선비 사 / 士 선비 사

쓰는 순서 一 十 士

한자 4 부수 人(亻) | 총 5획

仙 신선 선

인간 세계를 떠나 자연과 벗하며 사는 사람을 일컫는 한자로 ( )을/를 뜻해요.

답 신선

仙 신선 선 / 仙 신선 선

쓰는 순서 丿 亻 亻 仙 仙

한자 기초 확인

▶정답 3쪽

1 다음 질문에 답하며 미로를 탈출하세요.

2 다음 뜻과 음(소리)에 맞는 한자를 쓰세요.

급수 한자 돌파 전략 ❶

점선 위로 겹쳐서 한자를 써 보세요.

연한 글씨 위로 겹쳐서 한자를 따라 써 보세요.

한자 5 부수 水(氵) | 총 8획

法 법 법

물은 높은 데서 낮은 곳으로 흘러가는 규칙이 있음을 표현한 한자로 [ ]을/를 뜻해요.

답 법

法 法

법 법 법 법

쓰는 순서 丶 丶 氵 氵 汁 注 法 法

한자 6 부수 八 | 총 8획

典 법 전

책을 귀하게 여기며 양손으로 받들고 있는 모습에서 [ ]을/를 뜻해요.

답 법

典 典

법 전 법 전

쓰는 순서 丨 冂 冃 由 曲 曲 典 典

한자 7 부수 尸 | 총 10획

展 펼 전

접힌 것을 펼쳐서 보여 주는 모습에서 [ ]을/를 뜻하게 되었어요.

답 펴다

展 展

펼 전 펼 전

쓰는 순서 ㇕ ㇇ 尸 尸 尸 屈 屈 屈 展 展

한자 8 부수 尸 | 총 7획

局 판 국

놀이판 위에 말이 얹어져 있는 모습을 표현한 한자로 말이 가는 [ ](이)나 '지금의 상황' 등을 뜻하게 되었어요.

답 판(말판)

局 局

판 국 판 국

쓰는 순서 ㇕ ㇇ 尸 月 局 局 局

▶정답 3쪽

3 그림 속에 있는 한자의 뜻과 음(소리)을 쓰세요.

4 시험지의 문제를 보고 바르게 답한 학생을 찾아 ○표 하세요.

한자 실력 진단 평가 ○학년 ○반 ○○○

1. 한자 '펼 전'과 '판 국'을 한자로 쓰세요.

• 펼 전 → (　　　　　) • 판 국 → (　　　　　)

급수 한자 돌파 전략 ❷

1 다음 한자의 뜻과 음(소리)으로 알맞은 것을 찾아 선으로 이으세요.

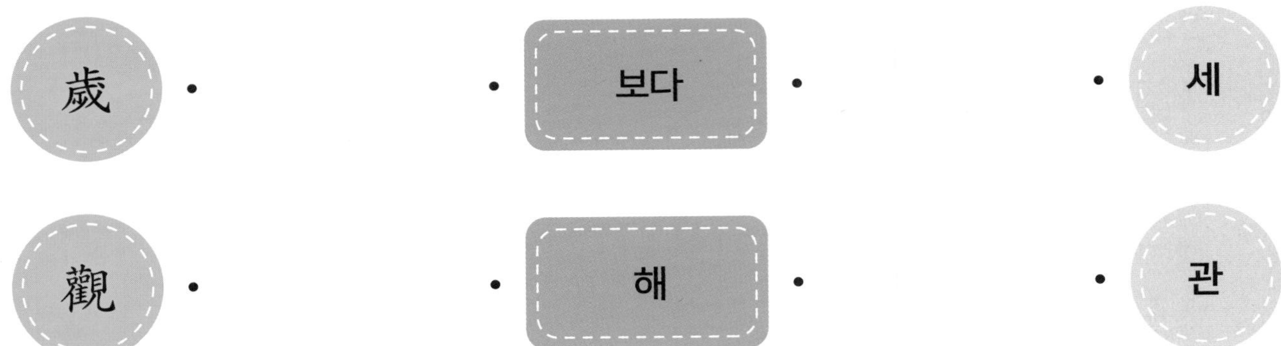

2 다음 뜻과 음(소리)에 해당하는 한자를 찾아 ○표 하세요.

3 사다리를 타고 내려가 한자와 바르게 이어진 뜻과 음(소리)에 ○표 하세요.

▶정답 3쪽

4 다음 한자 카드에 들어갈 뜻과 음(소리)으로 알맞은 것을 찾아 ∨표 하세요.

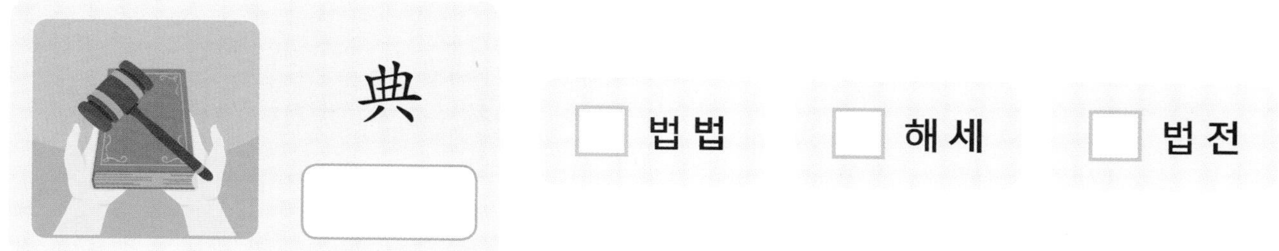

5 다음 문장의 내용이 맞으면 '예', 틀리면 '아니요'에 ○표 하세요.

6 다음 밑줄 친 한자의 뜻과 음(소리)을 쓰세요.

<u>法</u>은 모두에게 평등합니다.

- 뜻 → (   )
- 음(소리) → (   )

1주 03일 급수 한자어 대표 전략 ❶

대표 한자어 01

역사 歷史 (지날 력 / 사기 사)

뜻 나라나 민족이 겪어 온 기록.

국사 國史 (나라 국 / 사기 사)

뜻 나라의 역사.

참고 '歷'이 낱말의 맨 앞에 올 때는 '역'이라고 읽어요.

대표 한자어 02

통과 通過 (통할 통 / 지날 과)

뜻 어떤 곳이나 때를 거쳐서 지나감.

대표 한자어 03

전래 傳來 (전할 전 / 올 래)

뜻 예로부터 전하여 내려옴.

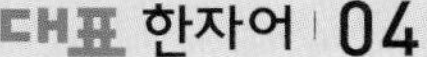

대표 한자어 | 04

사신

使	臣
하여금/부릴 사	신하 신

뜻 임금의 명령을 받고 다른 나라로 가는 신하.

이 그림은 조선 시대에 임금의 명령을 받은 使臣(사신)이 일본에 도착하는 모습을 담은 그림이야.

대표 한자어 | 05

만세

萬	歲
일만 만	해 세

뜻 축하하거나 환호하기 위해 두 손을 높이 들어 외치는 소리. 또는 그런 동작.

대표 한자어 | 06

연세

年	歲
해 년	해 세

뜻 나이의 높임말.

참고 '年'이 낱말의 맨 앞에 올 때는 '연'이라고 읽어요.

대표 한자어 | 07

관광 觀光 (볼 관, 빛 광)

뜻 다른 지방이나 다른 나라에 가서 구경함.

대표 한자어 | 08

군사 軍士 (군사 군, 선비 사)

뜻 군인이나 군대를 이르는 말.

대표 한자어 | 09

신선 神仙 (귀신 신, 신선 선)

뜻 도를 닦아 자연에서 산다는 상상 속의 사람.

대표 한자어 | 10

방법 方法 (모 방, 법 법)

뜻 목적을 이루기 위한 수단이나 방식.

대표 한자어 11

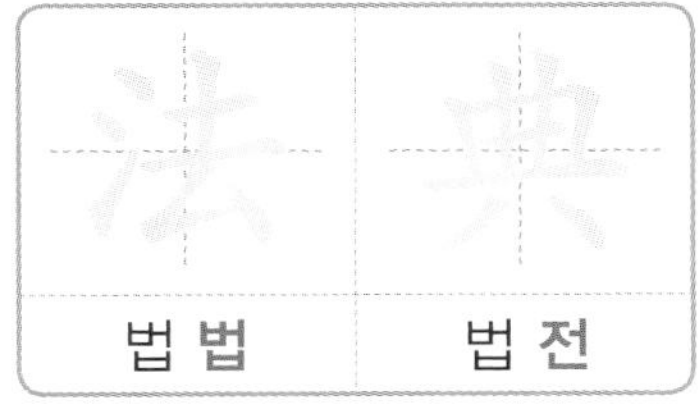

뜻 모든 법을 모아 정리한 책.

뜻 오랫동안 많은 사람에게 널리 읽히고 모범이 될 만한 문학이나 예술 작품.

대표 한자어 12

발 전

發 展

필 발 | 펼 전

뜻 더 좋은 상태로 변하는 것.

대표 한자어 13

약 국

藥 局

약 약 | 판 국

뜻 약사가 약을 판매하는 곳.

급수 한자어 대표 전략 ❷

1 다음 그림에 해당하는 한자어를 찾아 선으로 이으세요.

· 軍士

· 國史

Tip

'軍士'는 (군인이나 군대, 나라의 역사)를 뜻하는 한자어입니다.

답 군인이나 군대

2 다음 설명에 해당하는 한자어를 찾아 ○표 하세요.

설명

나라나 민족이 겪어 온 기록.

Tip

'歷史'의 음(소리)은 (역사, 관광)입니다.

답 역사

3 다음 한자어의 뜻으로 알맞은 것을 찾아 ∨표 하세요.

☐ 축하하거나 환호하기 위해 두 손을 높이 들어 외치는 소리. 또는 그런 동작.

☐ 나이의 높임말.

Tip

'萬歲'의 음(소리)은 (만세, 연세)입니다.

답 만세

4 다음 ◌에 들어갈 알맞은 한자를 쓰세요.

▶ 도를 닦아 자연에서 산다는 상상 속의 사람.

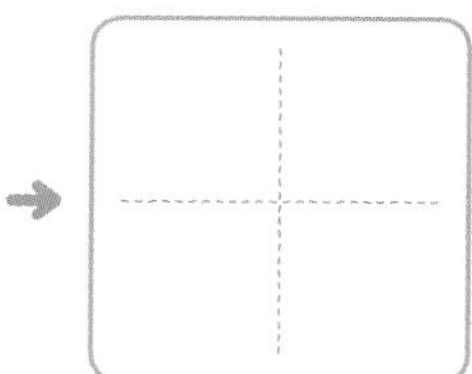

Tip

'仙'은 (　　)을/를 뜻하고, '선'이라고 읽습니다.

답 신선

▶정답 4쪽

5 다음 낱말판에서 설명 에 해당하는 낱말을 찾아 ◯표 하세요.

설명
더 좋은 상태로 변하는 것.

Tip
'展'은 [　　] 을/를 뜻하고, '전'이라고 읽습니다.
답 펴다

6 다음 밑줄 친 한자어의 음(소리)을 쓰세요.

개찰구를 通過하려면 표가 필요합니다.

➜ (　　　　　　)

Tip
(通過, 方法)은/는 '어떤 곳이나 때를 거쳐서 지나감.'을 뜻합니다.
답 通過

7 다음 문장을 읽고 알맞은 한자어를 찾아 ◯표 하세요.

공을 잘 치기 위한 (方法 / 發展)은 공을 끝까지 보는 것입니다.

달이 뜨자 사람들은 (傳來 / 法典) 민요를 부르며 강강술래를 했습니다.

Tip
'傳'은 [　　] 을/를 뜻하고, '전'이라고 읽습니다.
답 전하다

1주 04일 급수시험 체크 전략 ❶

전략 1 한자어의 음(소리) 쓰기

다음 밑줄 친 漢字語한자어의 音(음: 소리)을 쓰세요.

보기

高速 ➜ 고속

• 國史는 우리 모두가 알아야 하는 필수 지식입니다. ➜ (　　　　　)

답 국사

필수 예제 01

다음 밑줄 친 漢字語한자어의 音(음: 소리)을 쓰세요.

보기

合計 ➜ 합계

(1) 터널을 通過하자 멋진 풍경이 펼쳐졌습니다. ➜ (　　　　　)

(2) 藥局에서 마스크를 샀습니다. ➜ (　　　　　)

(3) 할아버지의 年歲는 예순이십니다. ➜ (　　　　　)

(4) 한강에서 유람선을 타고 觀光을 했습니다. ➜ (　　　　　)

문장 속에 쓰인 한자어가 각각 어떤 한자들로 이루어져 있는지 알아 두도록 합니다.

▶정답 2쪽

전략 2 한자의 뜻과 음(소리) 쓰기

다음 漢字한자의 訓(훈: 뜻)과 音(음: 소리)을 쓰세요.

보기

合 → 합할 **합**

• 古 → (　　　　　　)

답 예 고

필수 예제 02

다음 漢字한자의 訓(훈: 뜻)과 音(음: 소리)을 쓰세요.

보기

別 → 다를/나눌 **별**

(1) 禮 → (　　　　　　)

(2) 歲 → (　　　　　　)

(3) 觀 → (　　　　　　)

(4) 仙 → (　　　　　　)

한자의 뜻과 음(소리)은 반드시 함께 알아 두어야 합니다.

1주 04일 급수 시험 체크 전략 ❶

전략 3 제시된 한자어와 뜻에 맞는 동음어 찾기

다음 제시한 漢字語한자어와 뜻에 맞는 同音語동음어를 보기 에서 찾아 그 번호를 쓰세요.

보기

① 萬歲 ② 軍士 ③ 法典 ④ 通過

• 萬世 – ( ): 축하하기 위해 두 손을 높이 들어 외치는 소리. 또는 그런 동작.

➜ ( )

답 ①

필수 예제 03

다음 제시한 漢字語한자어와 뜻에 맞는 同音語동음어를 보기 에서 찾아 그 번호를 쓰세요.

보기

① 歷史 ② 使臣 ③ 古典 ④ 國史

(1) 四神 – ( ): 임금의 명령을 받고 다른 나라로 가는 신하.

➜ ( )

(2) 國事 – ( ): 나라의 역사.

➜ ( )

(3) 古傳 – ( ): 오랫동안 많은 사람에게 널리 읽히고 모범이 될 만한 문학이나 예술 작품. ➜ ( )

(4) 力士 – ( ): 나라나 민족이 겪어 온 기록. ➜ ( )

같은 음(소리)으로 읽히는 한자어라도 한자를 알면 구분할 수 있습니다.

▶정답 4 쪽

전략 4 제시된 뜻에 맞는 한자어 찾기

다음 뜻에 맞는 漢字語한자어를 보기 에서 찾아 그 번호를 쓰세요.

보기

① 傳來 ② 發展 ③ 觀光 ④ 年歲

• 예로부터 전하여 내려옴. ➔ ( )

답 ①

필수 예제 04

다음 뜻에 맞는 漢字語한자어를 보기 에서 찾아 그 번호를 쓰세요.

보기

① 方法 ② 軍士 ③ 法典 ④ 神仙

(1) 도를 닦아 자연에서 산다는 상상 속의 사람. ➔ ( )

(2) 군인이나 군대를 이르는 말. ➔ ( )

(3) 목적을 이루기 위한 수단이나 방식. ➔ ( )

(4) 모든 법을 모아 정리한 책. ➔ ( )

한자어의 뜻이 생각나지 않을 때는 한자의 뜻을 조합하여 문제를 풀어 봅시다.

1주 04일 급수 시험 체크 전략 ❷

[한자어의 음(소리) 쓰기]

1 다음 밑줄 친 漢字語한자어의 音(음: 소리)을 쓰세요.

불리한 상황에도 軍士들은 용감히 나아갔습니다.

→ (   )

Tip
'軍士'는 '군인이나 군대'를 뜻하는 한자어입니다.

[한자어의 음(소리) 쓰기]

2 다음 밑줄 친 漢字語한자어의 音(음: 소리)을 쓰세요.

藥局에는 처음 보는 물건들이 많습니다.

→ (   )

Tip
'藥局'은 '약사가 약을 판매하는 곳'을 뜻하는 한자어입니다.

[한자의 뜻과 음(소리) 쓰기]

3 다음 漢字한자의 訓(훈: 뜻)과 音(음: 소리)을 쓰세요.

보기
強 → 강할 **강**

• 觀 → (   )

Tip
'觀'은 '보다'를 뜻하는 한자입니다.

[한자의 뜻과 음(소리) 쓰기]

4 다음 漢字한자의 訓(훈: 뜻)과 音(음: 소리)을 쓰세요.

보기
苦 → 쓸 **고**

• 仙 → (   )

Tip
'仙'은 '선'이라고 읽습니다.

▶정답 4쪽

[뜻이 비슷한 한자 찾기]

5 다음 밑줄 친 漢字한자와 뜻이 같거나 비슷한 漢字한자를 보기 에서 찾아 그 번호를 쓰세요.

보기
① 展　② 士　③ 典　④ 歲

• 할머니는 年(　)보다 젊어 보이십니다.

➔ (　　　　　)

Tip
'연세'는 '나이'를 높여 이르는 낱말입니다.

[제시된 한자어와 뜻에 맞는 동음어 찾기]

6 다음 제시한 漢字語한자어와 뜻에 맞는 同音語동음어를 보기 에서 찾아 그 번호를 쓰세요.

보기
① 古典　② 萬歲　③ 發展　④ 國史

• 發電 – (　　) : 더 낫고 좋은 상태나 더 높은 단계로 나아감.

➔ (　　　　　)

Tip
'發電'은 '전기를 일으킴.'을 뜻하는 한자어입니다.

[제시된 뜻에 맞는 한자어 찾기]

7 다음 뜻에 맞는 漢字語한자어를 보기 에서 골라 그 번호를 쓰세요.

보기
① 通過　② 使臣　③ 傳來　④ 法典

• 예로부터 전하여 내려옴.　➔ (　　　　　)

Tip
'전래'는 '예로부터 전하여 내려옴.'을 뜻하는 낱말입니다.

[빈칸에 들어갈 한자 찾기]

8 다음 四字成語사자성어의 (　　) 속에 알맞은 漢字한자를 보기 에서 찾아 그 번호를 쓰세요.

보기
① 史　② 傳　③ 典　④ 展

• 父(　)子(　): 대대로 아버지가 아들에게 전함.

➔ (　　　　　)

Tip
'부전자전'은 '대대로 아버지가 아들에게 전함.'을 뜻하는 사자성어입니다.

누구나 만점 전략

맞은 개수 개

01 다음 □ 안에 들어갈 한자를 찾아 ○표 하세요.

고려 시대 歷□에 대해 궁금한 것이 많습니다.

史 士

02 다음 한자의 뜻과 음(소리)으로 알맞은 것을 찾아 선으로 이으세요.

(1) 歷 • • 전하다 • • 력

(2) 傳 • • 지나다 • • 관

(3) 觀 • • 보다 • • 전

03 다음 밑줄 친 한자어의 음(소리)을 쓰세요.

광복절 행사를 마치고 萬歲를 불렀습니다.

→ ( )

04 다음 한자의 뜻과 음(소리)을 쓰세요.

보기

古 → 예 고

(1) 主 → ( )

(2) 臣 → ( )

05 다음 뜻과 음(소리)에 해당하는 한자를 보기에서 찾아 그 번호를 쓰세요.

보기

① 仙 ② 法 ③ 禮

• 법 법 → ( )

▶정답 4쪽

06 다음 설명 에 해당하는 한자어를 □ 안을 채워 완성하세요.

설명

나라의 역사.

답

07 다음 한자의 뜻과 음(소리)을 보기 에서 찾아 그 번호를 쓰세요.

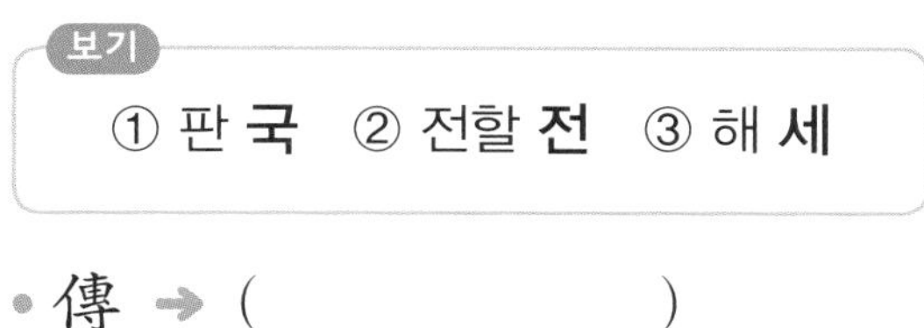

• 傳 ➜ (　　　　　　)

08 다음 뜻에 해당하는 한자어를 보기 에서 찾아 그 번호를 쓰세요.

보기

① 發展 ② 神仙 ③ 兵士

• 더 좋은 상태로 변하는 것.

➜ (　　　　　　)

09 다음 밑줄 친 낱말에 해당하는 한자어를 보기 에서 찾아 그 번호를 쓰세요.

• 제주도로 <u>관광</u>을 다녀왔습니다.

➜ (　　　　　　)

10 다음 밑줄 친 말에 해당하는 한자를 보기 에서 찾아 그 번호를 쓰세요.

• 건널목을 <u>지날</u> 때는 좌우를 살피며 걸어가야 합니다.

➜ (　　　　　　)

창의·융합·코딩 전략 ❶

창의 융합

1 위 대화를 읽고, 어른의 나이를 여쭐 때 사용하는 한자어의 음(소리)을 쓰세요.

➜ (   )

▶정답 4쪽

이의 있습니다.

저 변호사 너무 멋있다.

나 꿈이 바뀌었어. 난 변호사가 될 거야!

부기야 변호사는 어떻게 될 수 있어?

잠시만.

뒤적

받아!

쿵

이게 뭐야?

변호사는 법을 공부해야 하는 직업이야. 이 법전을 여러 번 공부하면 돼!

해맑

뭐? 한 번도 아니고 여러 번?

공부를 정말 많이 해야 하는구나.

창의 융합

2 위 대화를 읽고, 변호사가 되기 위해 공부해야 하는 책을 한자로 쓰세요.

답

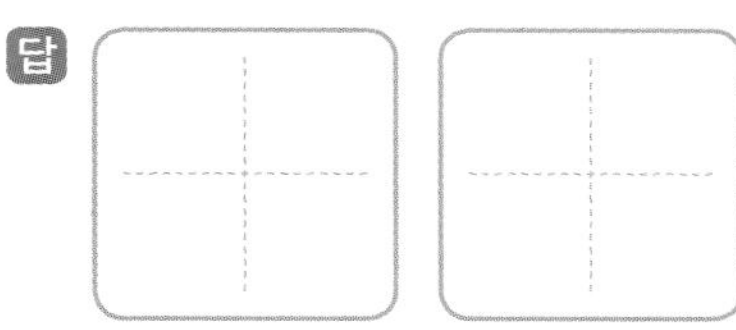

창의·융합·코딩 전략 ❷

코딩

1 '출발' 지점에서 '명령어'대로 한 칸씩 이동했을 때 만나는 한자의 음(소리)을 쓰세요.

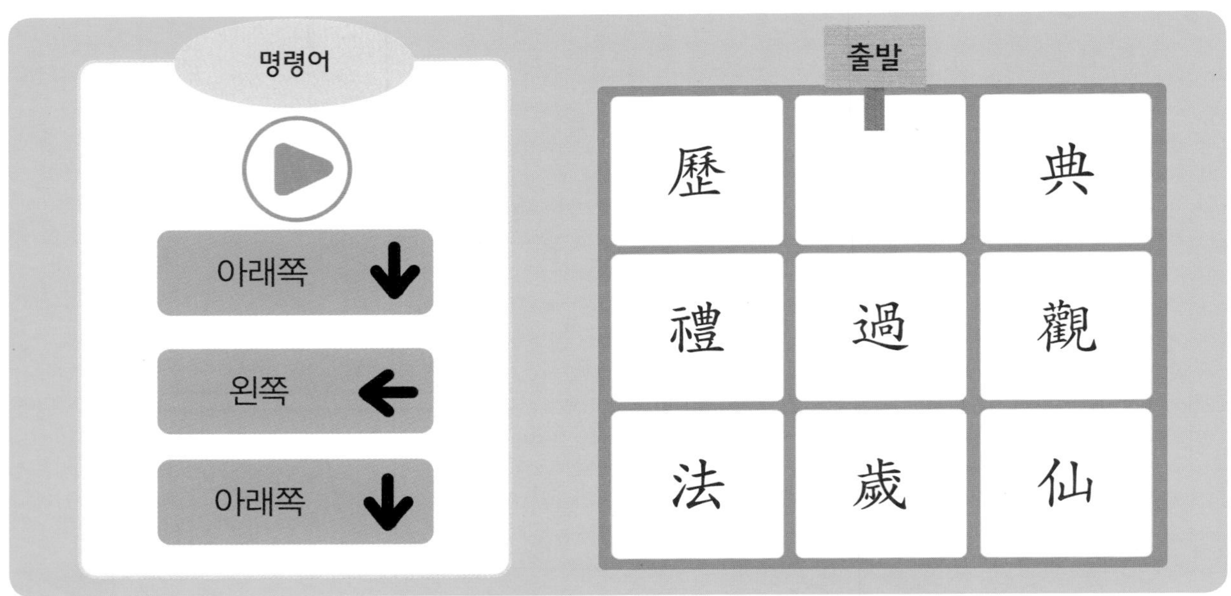

• 한자의 음(소리) → (　　　　　　　)

창의 융합

2 다음 조건 을 전부 만족하는 책의 제목을 그림에서 찾아 모두 ○표 하세요.

조건

韓國　　古典　　傳來

▶정답 4~5쪽

코딩

3 다음 규칙 에 따라 미로를 탈출하며 만나는 한자어에 ◯표 한 후, 한자어의 음(소리)을 쓰세요.

규칙

식을 계산하여 16이 되는 수

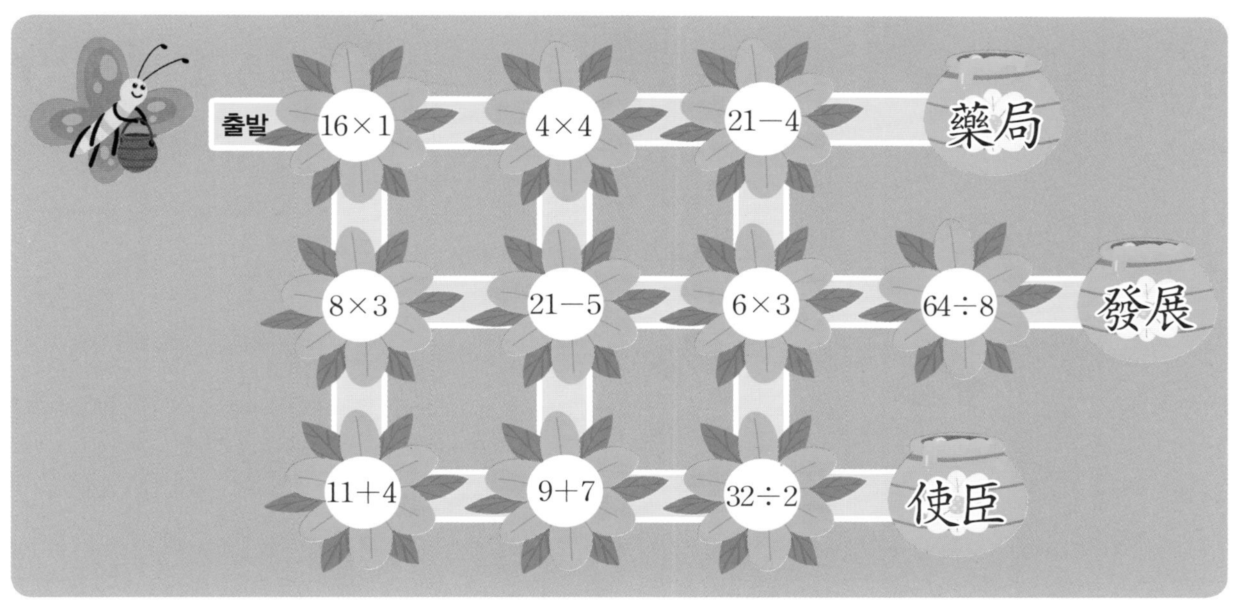

• 한자어의 음(소리) ➜ (   )

창의 융합

4 다음 글을 읽고, 밑줄 친 낱말을 보기 에서 찾아 한자로 쓰세요.

영화의 역사는 약 130년 정도 됩니다. 최초의 영화는 1895년 뤼미에르 형제가 만든 '시오라역에 도착하는 기차'입니다. 당시 이 영화를 보았던 사람들은 다가오는 기차를 보고 너무 놀라 소리를 지르는 사람도 있었다고 합니다.

보기

歷史　　通過

답

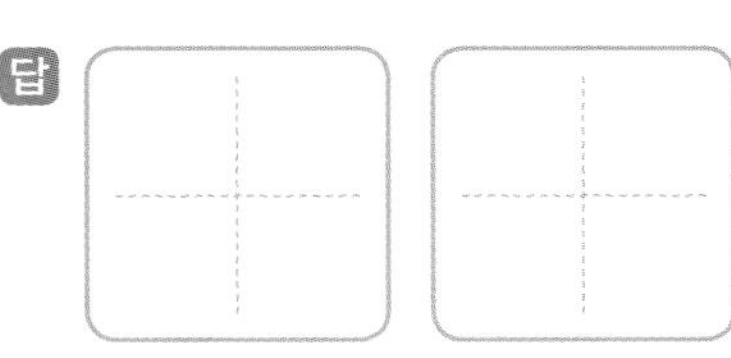

창의 융합

5 다음 명령어에 따라 춤추는 로봇이 있습니다. 로봇의 춤 동작을 보고 입력한 한자어의 음(소리)을 쓰고, 그 뜻을 찾아 ∨표 하세요.

☐ 더 좋은 상태로 변하는 것.

☐ 나라의 역사.

창의 융합

6 다음 인물들의 대사에서 한자 '主'의 뜻에 해당하는 낱말을 모두 찾아 ○표 하세요.

▶정답 5쪽

코딩

7 다음 문제 대로 명령어 버튼 를 눌렀을 때 만들어지는 한자어를 쓰세요.

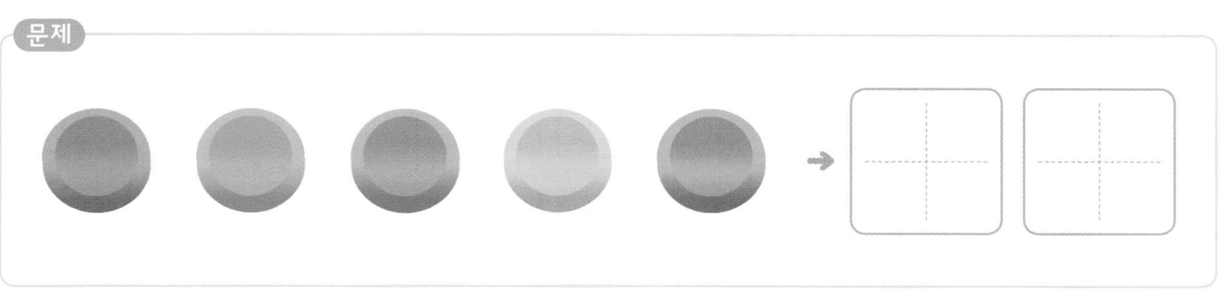

창의 융합

8 클라이밍 순서에 따라 암벽을 올라가며 다음 물음에 답하세요.

(1) 맨 아래 홀드에 적힌 한자 뜻과 음(소리)을 쓰세요.

➜ (　　　　　　　　)

(2) 아래에서 두 번째 홀드에 적힌 한자 뜻과 음(소리)을 쓰세요.

➜ (　　　　　　　　)

(3) 위에서 두 번째 홀드에 적힌 한자어의 뜻을 쓰세요.

➜ (　　　　　　　　　　　　　　　　)

(4) 맨 꼭대기 홀드에 적힌 한자어의 음(소리)을 쓰세요.

➜ (　　　　　　　　)

2주

학습 한자

얘들아, 나 그토록 바라던[望]
한자 자격시험 6급에 통과했어!
자격증

와, 대단하다!
자격증
짝
짝
짝
축하해! 난 하람이
네가 할 수 있을 걸
알고[知] 있었어.

어떻게 공부했어[課]?
나도 한자 자격시험을
통과하고 싶어.
그날 공부한[課] 한자는
완전히 익힐[習] 때까지
공부하면 돼! 그럼 능히[能]
통과할 수 있어.

그 정도는 할 수 있어[能]!
그런 당연한 이야기 말고
너만 아는[知] 비법
같은 거 없어?
그래. 하람아,
비법을 알려줘!

학습할 한자

❶ 練 익힐 **련** ❷ 習 익힐 **습** ❸ 結 맺을 **결** ❹ 課 공부할/과정 **과** ❺ 變 변할 **변**
❻ 化 될 **화** ❼ 能 능할 **능** ❽ 的 과녁 **적** ❾ 知 알 **지** ❿ 切 끊을 **절**|온통 **체**
⓫ 識 알 **식** ⓬ 實 열매 **실** ⓭ 望 바랄 **망** ⓮ 念 생각 **념** ⓯ 當 마땅 **당** ⓰ 卒 마칠 **졸**

점선 위로 겹쳐서 한자를 써 보세요.

연한 글씨 위로 겹쳐서 한자를 따라 써 보세요.

한자 1 부수 糸(糹) | 총 15획

練 익힐 련

일을 여러 번 하는 과정에서 얻은 능숙함을 의미하는 데서 (   )을/를 뜻해요.

답 익히다

練 익힐 련 / 練 익힐 련

쓰는 순서 ㄥ 幺 幺 糸 糸 糸 糹 紅 絅 絅 絅 緬 緬 練 練

한자 2 부수 羽 | 총 11획

習 익힐 습

새가 하늘을 나는 모습을 표현한 한자로 새가 하늘을 나는 법을 수없이 연습했다는 데서 (   )을/를 뜻해요.

답 익히다

習 익힐 습 / 習 익힐 습

쓰는 순서 ㄱ ㅋ ㅋ ㅋㄱ ㅋㅋ ㅋㅋ 羽 羽 習 習 習

한자 3 부수 糸(糹) | 총 12획

結 맺을 결

비단을 만들기 위해 실을 잇는 모습에서 (   )(이)라는 뜻이 생겼어요.

답 맺다

結 맺을 결 / 結 맺을 결

쓰는 순서 ㄥ 幺 幺 糸 糸 糸 糸 糸 紅 結 結 結

한자 4 부수 言 | 총 15획

課 공부할/과정 과

나무 위에 열매가 열린 모습을 그린 한자로 목표를 이루기 위해 열심히 ❶(   ) 또는 ❷(   )을/를 뜻해요.

답 ❶ 공부하다 ❷ 과정

課 공부할/과정 과 / 課 공부할/과정 과

쓰는 순서 ` 亠 亠 亠 言 言 言 言 訂 訂 訂 諝 課 課 課

▶정답 5쪽

1 다음 한자의 뜻과 음(소리)이 바른 것을 모두 찾아 ○표 하세요.

2 다음 한자의 뜻과 음(소리)을 쓰세요.

급수 한자 돌파 전략 ❶

점선 위로 겹쳐서 한자를 써 보세요.
연한 글씨 위로 겹쳐서 한자를 따라 써 보세요.
한자 5 부수 言 | 총 23획
變
변할 변
어지러운 상황을 바로잡아 바뀌었다는 의미에서 [ ] 또는 '고치다'라는 뜻을 가지게 되었어요.
답 변하다
變 變
변할 변 변할 변
쓰는 순서
한자 6 부수 匕 | 총 4획
化
될 화
사람이 모양을 바꿔 다른 사람이 된다는 뜻을 나타낸 한자로 [ ](이)라는 뜻이 있어요.
답 되다
化 化
될 화 될 화
쓰는 순서 丿 亻 亻' 化
한자 7 부수 肉(月) | 총 10획
能
능할 능
곰을 나타낸 한자로 곰이 재주가 많고 탁월한 능력을 지녔다는 데서 [ ]을/를 뜻하게 되었어요.
답 능하다
能 能
능할 능 능할 능
쓰는 순서
한자 8 부수 白 | 총 8획
的
과녁 적
활을 쏠 때의 표적 또는 어떤 일의 목표물을 가리키는 한자로 [ ]을/를 뜻해요.
답 과녁
的 的
과녁 적 과녁 적
쓰는 순서

▶정답 5쪽

3 다음 한자의 뜻과 음(소리)으로 알맞은 것을 찾아 선으로 이으세요.

4 다음 질문에 답하며 사과를 찾아보세요.

1 다음 뜻과 음(소리)에 해당하는 한자를 찾아 선으로 이으세요.

• 的

• 能

2 다음 한자의 뜻으로 알맞은 것을 찾아 ○표 하세요.

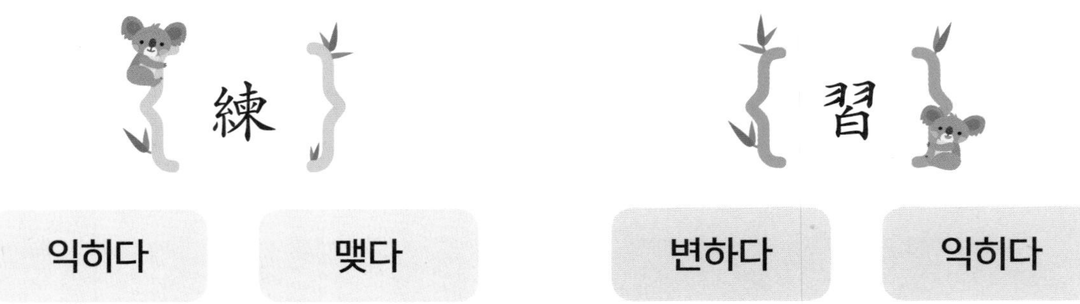

3 다음 음(소리)에 해당하는 한자를 찾아 ∨표 하세요.

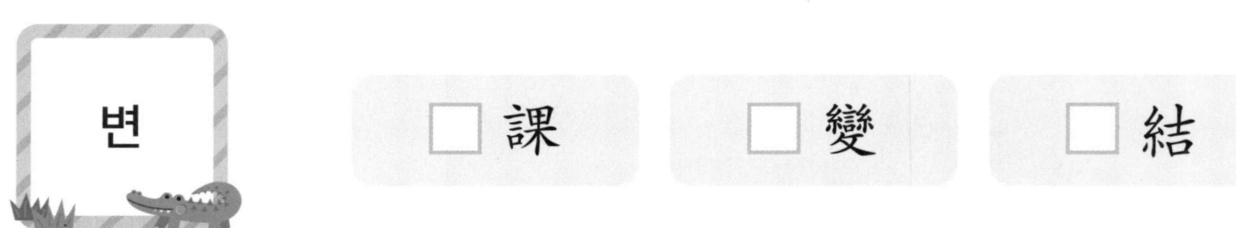

▶정답 6쪽

4 다음 뜻과 음(소리)에 해당하는 한자를 보기 에서 찾아 그 번호를 쓰세요.

보기

① 課 ② 的 ③ 變 ④ 能

(1) 공부할/과정 과 ➔ ( )

(2) 능할 능 ➔ ( )

5 다음 한자 카드에 들어갈 뜻과 음(소리)을 쓰세요.

6 다음 밑줄 친 낱말에 해당하는 한자를 보기 에서 찾아 그 번호를 쓰세요.

보기

① 能 ② 課 ③ 的

• 할머니는 공부하는 것을 좋아하십니다.

➔ ( )

점선 위로 겹쳐서 한자를 써 보세요.

연한 글씨 위로 겹쳐서 한자를 따라 써 보세요.

한자 1 부수 矢 | 총 8획

知 알 지

많은 정보나 지식을 갖춘 모습을 가리키는 한자로 [ ] 을/를 뜻해요.

답 알다

知 知 알 지 알 지

쓰는 순서 丿 ㅗ 㐃 矢 矢 矢 知 知

뜻이 비슷한 한자 識(알 식)

한자 2 부수 刀 | 총 4획

切 끊을 절|온통 체

긴 막대기를 칼로 내리친 모습에서 ❶ [ ] 을/를 뜻해요. ❷ [ ] (이)라는 뜻일 때는 '체'라고 읽어요.

답 ❶ 끊다 ❷ 온통

切 切 끊을 절|온통 체 끊을 절|온통 체

쓰는 순서 一 七 切 切

한자 3 부수 言 | 총 19획

識 알 식

창에 부대나 종족을 구별할 수 있는 깃발이 걸린 모습에서 [ ] 을/를 뜻해요.

답 알다

識 識 알 식 알 식

쓰는 순서 丶 亠 亠 言 言 言 言 言 言 言 言 訁 訁 諳 諳 諳 識 識 識

뜻이 비슷한 한자 知(알 지)

한자 4 부수 宀 | 총 14획

實 열매 실

씨가 자라서 생기는 것 또는 노력한 일의 성과를 의미하는 데서 [ ] 을/를 뜻해요.

답 열매

實 實 열매 실 열매 실

쓰는 순서 丶 丶 宀 宀 宀 宀 宀 宀 宀 實 實 實 實 實

한자 기초 확인

▶정답 6쪽

1 한자의 뜻과 음(소리)을 말풍선 안에 쓰세요.

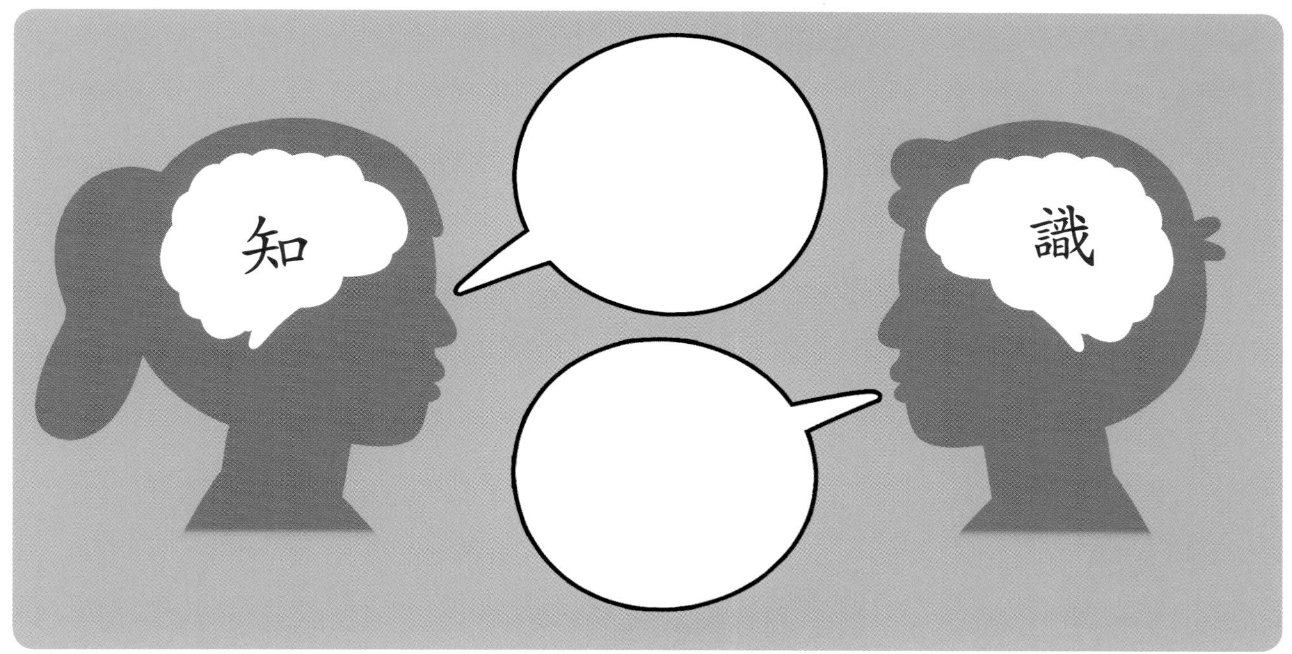

2 엄마와 딸이 각각 찾는 포도를 찾아 선으로 이으세요.

점선 위로 겹쳐서 한자를 써 보세요.

연한 글씨 위로 겹쳐서 한자를 따라 써 보세요.

한자 5 부수 肉(月) | 총 11획

望 바랄 망

무언가를 바라보는 모습을 표현한 한자로 어떤 일이 일어나길 바라는 마음인 (　　　) 을/를 뜻하게 되었어요.

답 바라다

望 바랄 망 / 望 바랄 망

쓰는 순서 丶 亠 亡 𠅃 ... 望

한자 6 부수 心 | 총 8획

念 생각 념

언제나 그 일을 마음속에 생각하여 잊지 않음을 나타낸 한자로 (　　　)을/를 뜻해요.

답 생각

念 생각 념 / 念 생각 념

쓰는 순서 丿 人 亼 今 今 念 念 念

한자 7 부수 田 | 총 13획

當 마땅 당

밭에서 일하면 결실을 얻는 것이 마땅하다는 데서 (　　　) (이)라는 뜻이 생겼어요.

답 마땅하다

當 마땅 당 / 當 마땅 당

쓰는 순서 丨 ... 當

◦ 모양이 비슷한 한자 ◦ 堂(집 당)

한자 8 부수 十 | 총 8획

卒 마칠 졸

병졸의 옷을 그린 한자로 당시 병졸들이 전투 중에 많이 죽었기 때문에 (　　　) 또는 '죽다'를 뜻하게 되었어요.

답 마치다

卒 마칠 졸 / 卒 마칠 졸

쓰는 순서 丶 亠 ... 卒

▶정답 6쪽

3 한자와 뜻과 음(소리)을 바르게 연결하여 가족이 서로 만나게 해주세요.

4 다음 밑줄 친 말에 해당하는 한자를 빈칸에 쓰세요.

1 다음 한자의 음(소리)으로 알맞은 것을 찾아 선으로 이으세요.

2 다음 한자의 뜻과 음(소리)이 바른 것에 ∨표 하세요.

3 다음 한자의 음(소리)으로 알맞은 것을 찾아 ∨표 하세요.

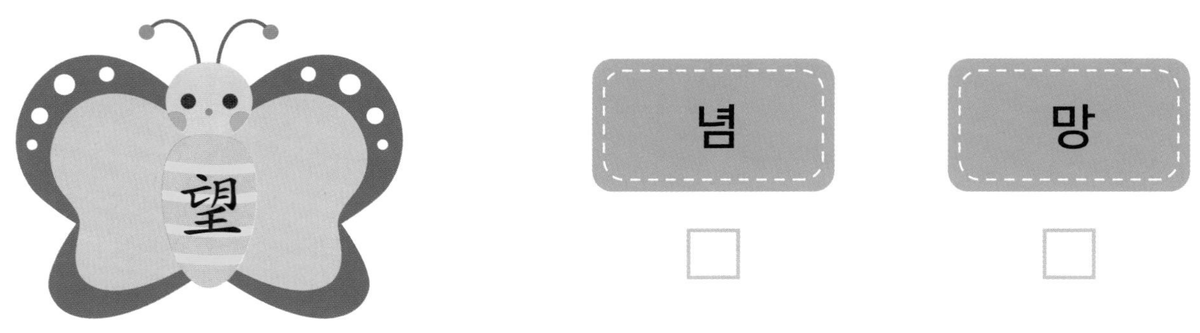

▶정답 6~7쪽

4 친구들이 들고 있는 한자의 뜻과 음(소리)을 보기 에서 찾아 그 번호를 쓰세요.

보기

① 생각 념　　② 마땅 당　　③ 마칠 졸

5 다음 밑줄 친 한자에 해당하는 뜻을 찾아 ○표 하세요.

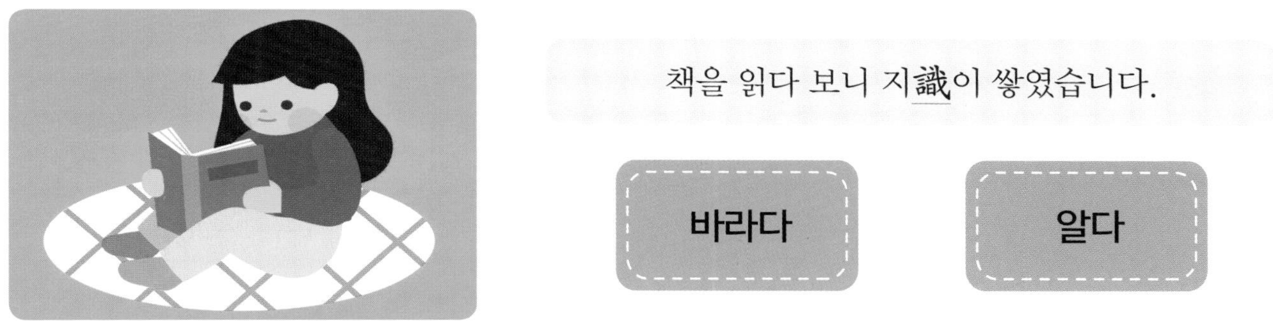

6 다음 밑줄 친 말에 해당하는 한자를 쓰세요.

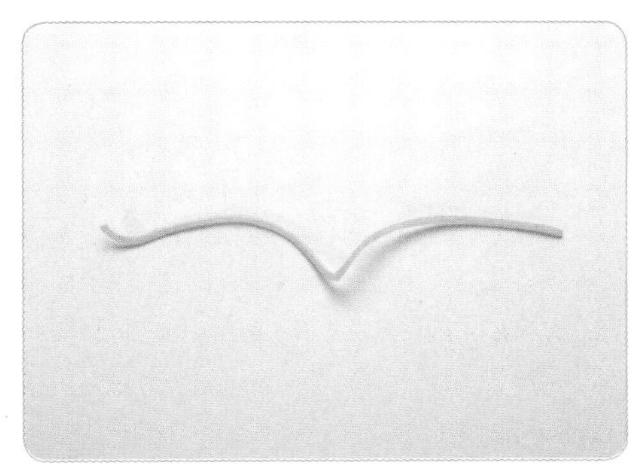

고무줄을 늘였더니 끊어져 버렸습니다.

답

2주 03일 급수 한자어 대표 전략 ❶

대표 한자어 01

연습 練習

練 익힐 련 / 習 익힐 습

뜻 익숙하게 되도록 되풀이하여 익히는 것.

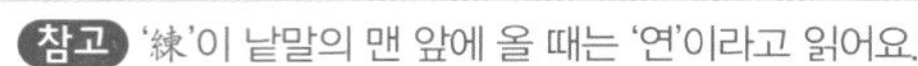

참고 '練'이 낱말의 맨 앞에 올 때는 '연'이라고 읽어요.

대표 한자어 02

결과 結果

結 맺을 결 / 果 실과 과

뜻 어떤 원인 때문에 생긴 일.

대표 한자어 03

과제 課題

課 공부할/과정 과 / 題 제목 제

뜻 교사가 학생들에게 내주는 학습이나 연구의 문제.

대표 한자어 04

변신 變身

變 변할 변 / 身 몸 신

뜻 몸이나 모습을 전과 다르게 바꾸는 것.

대표 한자어 | 05

화 석

뜻 옛날에 살았던 생물의 흔적이 돌이 되어 남아 있는 것.

지난 주말에 경남 고성에 가서 공룡 발자국 化石(화석)을 보고 왔어.

대표 한자어 | 06

만 능

萬	能
일만 만	능할 능

뜻 무슨 일이든지 다 할 수 있는 것.

나는 모든 것을 잘하는 萬能(만능)인이야.

대표 한자어 | 07

목 적

目	的
눈 목	과녁 적

뜻 이루려고 하는 것.

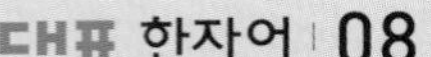

지 식

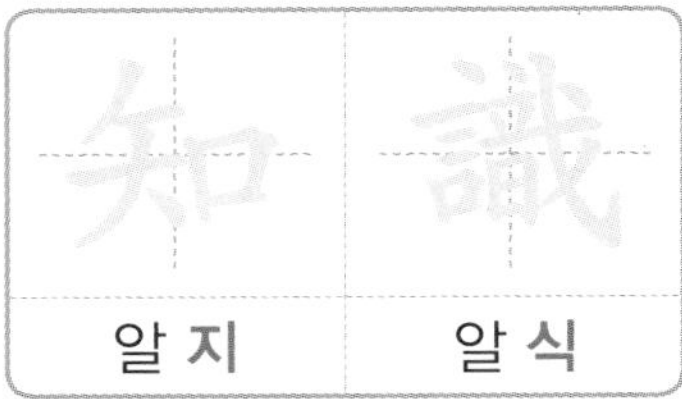

뜻 교육받거나 체험해서 알게 된 내용.

지 적

뜻 지식이나 지성에 관한 것.

나는 知識(지식)을 얻을 수 있는 과학책이 좋아.

나는 주인공이 知的(지적) 호기심을 채우는 내용의 소설책이 좋아.

대표 한자어 09

친 절

뜻 남을 대하는 태도가 다정하고 정성스러운 것.

대표 한자어 10

소 망

뜻 바라는 것. 또는 희망하는 것.

항상 널 응원해!

대표 한자어 | 11 |

실망

失	望
잃을 실	바랄 망

뜻 바라던 일이 뜻대로 되지 않아 마음이 상함.

대표 한자어 | 12 |

신념

信	念
믿을 신	생각 념

뜻 마음에 굳게 믿는 것.

대표 한자어 | 13 |

당일

當	日
마땅 당	날 일

뜻 바로 그 날.

대표 한자어 | 14 |

졸업

卒	業
마칠 졸	업 업

뜻 학교에서 정해진 과정을 모두 마치는 것.

2주 03일 급수 한자어 대표 전략 ❷

1 다음 뜻에 해당하는 한자어를 찾아 ○표 하세요.

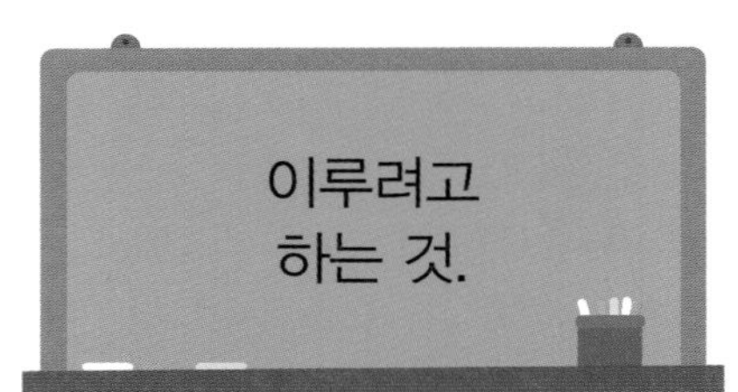

Tip

'練習'은 '익숙하게 되도록 되풀이하여 ☐.'을/를 뜻하는 한자어입니다.

답 익히는 것

2 다음 설명 에 해당하는 한자어를 찾아 ○표 하세요.

설명

어떤 원인 때문에 생긴 일.

結果 課題

Tip

'課題'의 음(소리)은 (과제, 결과)입니다.

답 과제

3 다음 문장의 내용이 맞으면 '예', 틀리면 '아니요'에 ○표 하세요.

Tip

'失望'의 음(소리)은 (실망, 소망)입니다.

답 실망

4 다음 ◌에 공통으로 들어갈 말을 한자로 바르게 나타낸 것에 ∨표 하세요.

- ◌적: 지식이나 지성에 관한 것.
- ◌식: 교육받거나 체험해서 알게 된 내용

☐ 知 

Tip

'知'는 ☐을/를 뜻하고, '지'라고 읽습니다.

답 알다

▶정답 7쪽

5 다음 문장에 어울리는 한자어를 찾아 ◯표 하세요.

과학자들이 우리나라에서 공룡의 (化石 / 萬能)을 발견했습니다.

Tip

'化'는 [   ]을/를 뜻하고, '화'라고 읽습니다.

답 되다

6 다음 ◌에 들어갈 알맞은 한자를 쓰세요.

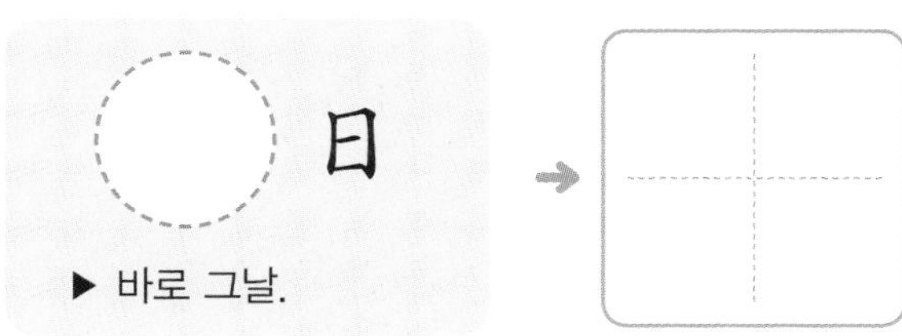

Tip

'바로 그날.'을 뜻하는 한자어의 음(소리)은 (당일, 내일)입니다.

답 당일

7 다음 낱말판에서 설명에 해당하는 낱말을 찾아 ◯표 하세요.

설명

남을 대하는 태도가 다정하고 정성스러움.

소	변	신	과
망	친	구	제
실	망	연	친
당	일	습	절

Tip

'切'은 [   ] 또는 '온통 체'와 같이 두 가지 뜻과 음(소리)이 있는데, '親切'의 경우에는 '절'이라고 읽습니다.

답 끊을 절

전략 1 한자어의 음(소리) 쓰기

다음 밑줄 친 漢字語한자어의 音(음: 소리)을 쓰세요.

보기
國史 → 국사

• 홍길동이 도술을 부리고 變身하여 도적들을 무찔렀습니다. → (　　　　)

답 변신

필수 예제 01

다음 밑줄 친 漢字語한자어의 音(음: 소리)을 쓰세요.

보기
法典 → 법전

(1) 꾸준한 練習만이 성공의 지름길입니다. → (　　　　)

(2) 當日이 되어서야 약속 장소를 확인했습니다. → (　　　　)

(3) 선생님은 매일매일 課題를 내주십니다. → (　　　　)

(4) 우리 아빠는 요리도 잘하고 운동도 잘하는 萬能인입니다. → (　　　　)

문장을 읽으며
한자어의 음(소리)이
무엇일지 생각해 봅시다.

▶정답 7쪽

전략 2 한자의 뜻과 음(소리) 쓰기

다음 漢字한자의 訓(훈: 뜻)과 音(음: 소리)을 쓰세요.

보기

展 → 펼 **전**

• 識 → (   )

답 알 식

필수 예제 02

다음 漢字한자의 訓(훈: 뜻)과 音(음: 소리)을 쓰세요.

보기

觀 → 볼 **관**

(1) 卒 → (   )

(2) 念 → (   )

(3) 望 → (   )

(4) 化 → (   )

한자의 뜻과 음(소리)은 반드시 '한국어문회'에서 제시한 대표 뜻과 음(소리)으로 써야 합니다.

전략 3 제시된 한자어와 뜻에 맞는 동음어 찾기

다음 제시한 漢字語한자어와 뜻에 맞는 同音語동음어를 보기 에서 찾아 그 번호를 쓰세요.

보기
① 使臣 ② 歷史 ③ 古傳 ④ 國史

• 國事 – (   ): 나라의 역사. ➔ (   )

답 ④

필수 예제 03

다음 제시한 漢字語한자어와 뜻에 맞는 同音語동음어를 보기 에서 찾아 그 번호를 쓰세요.

보기
① 化石 ② 變身 ③ 課題 ④ 所望

(1) 少望 – (   ): 바라는 것. 또는 희망하는 것. ➔ (   )

(2) 變信 – (   ): 몸이나 모습을 전과 다르게 바꾸는 것. ➔ (   )

(3) 科第 – (   ): 교사가 학생들에게 내주는 학습이나 연구의 문제. ➔ (   )

(4) 火石 – (   ): 옛날에 살았던 생물의 흔적이 돌이 되어 남아 있는 것. ➔ (   )

같은 음(소리)으로 읽히는 한자어라도 한자를 알면 구분할 수 있습니다.

▶정답 7쪽

전략 4 제시된 뜻에 맞는 한자어 찾기

다음 뜻에 맞는 漢字語한자어를 보기 에서 찾아 그 번호를 쓰세요.

보기

① 方法 ② 軍士 ③ 法典 ④ 神仙

• 목적을 이루기 위한 수단이나 방식. ➔ (　　　　　)

답 ①

필수 예제 04

다음 뜻에 맞는 漢字語한자어를 보기 에서 찾아 그 번호를 쓰세요.

보기

① 親切 ② 失望 ③ 變身 ④ 當日

(1) 바로 그날. ➔ (　　　　　)

(2) 남을 대하는 태도가 다정하고 정성스러움. ➔ (　　　　　)

(3) 바라던 일이 뜻대로 되지 않아 마음이 몹시 상함. ➔ (　　　　　)

(4) 몸이나 모습을 전과 다르게 바꾸는 것. ➔ (　　　　　)

한자어의 뜻이 생각나지 않을 때는 한자의 뜻을 조합하여 문제를 풀어 봅시다.

[한자어의 음(소리) 쓰기]

1 다음 밑줄 친 漢字語한자어의 音(음: 소리)을 쓰세요.

課題는 미루지 말고 그때그때 해결하는 것이 좋습니다.

➜ (   )

Tip
'課題'의 '課'는 '공부하다' 또는 '과정'을 뜻하는 한자입니다.

[한자어의 음(소리) 쓰기]

2 다음 밑줄 친 漢字語한자어의 音(음: 소리)을 쓰세요.

독서를 통해 여러 가지 知識을 쌓았습니다.

➜ (   )

Tip
'識'은 '알다'를 뜻하고, '식'이라고 읽습니다.

[한자의 뜻과 음(소리) 쓰기]

3 다음 漢字한자의 訓(훈: 뜻)과 音(음: 소리)을 쓰세요.

보기
歲 ➜ 해 **세**

• 變 ➜ (   )

Tip
'變'은 '변하다'를 뜻하는 한자입니다.

[한자의 뜻과 음(소리) 쓰기]

4 다음 漢字한자의 訓(훈: 뜻)과 音(음: 소리)을 쓰세요.

보기
仙 ➜ 신선 **선**

• 望 ➜ (   )

Tip
'望'은 '바라다'를 뜻하는 한자입니다.

▶정답 7쪽

[제시된 한자어와 뜻에 맞는 동음어 찾기]

5 다음 제시한 漢字語한자어와 뜻에 맞는 同音語동음어를 보기 에서 찾아 그 번호를 쓰세요.

보기

① 練習　② 課題　③ 萬能　④ 信念

• 科第－(　　): 교사가 학생들에게 내주는 학습이나 연구의 문제.

➔ (　　　　　)

Tip

'科第'는 '과거에 급제함.'을 뜻하는 한자어입니다.

[제시된 뜻에 맞는 한자어 찾기]

6 다음 뜻에 맞는 漢字語한자어를 보기 에서 찾아 그 번호를 쓰세요.

보기

① 所望　② 失望　③ 信念　④ 變身

• 바라던 일이 뜻대로 되지 않아 마음이 상함.

➔ (　　　　　)

Tip

'실망'은 '바라던 일이 뜻대로 되지 않아 마음이 상함.'을 뜻하는 낱말입니다.

[제시된 뜻에 맞는 한자어 찾기]

7 다음 뜻에 맞는 漢字語한자어를 보기 에서 찾아 그 번호를 쓰세요.

보기

① 親切　② 結果　③ 目的　④ 變身

• 어떤 원인 때문에 생긴 일.　➔ (　　　　　)

Tip

'결과'는 '어떤 원인으로 인해 생긴 일'을 뜻하는 낱말입니다.

[빈칸에 들어갈 한자 찾기]

8 다음 四字成語사자성어의 (　　) 속에 알맞은 漢字한자를 보기 에서 찾아 그 번호를 쓰세요.

보기

① 能　② 識　③ 念　④ 變

• 多才多(　): 재주와 능력이 여러 가지로 많음.

➔ (　　　　　)

Tip

'能'은 '능하다'를 뜻하고 '능'이라 읽습니다.

누구나 만점 전략

01 다음 ☐ 안에 들어갈 한자를 찾아 ○표 하세요.

책을 통해 ☐ 識을 공부합니다.

(知 / 能)

02 다음 한자 카드에 들어갈 한자를 쓰세요.

될 화

03 다음 밑줄 친 한자어의 음(소리)을 쓰세요.

여행의 目的을 밝혀야 합니다.

→ (　　　　　　)

04 다음 ☐ 안에 들어갈 한자를 보기 에서 찾아 그 번호를 쓰세요.

보기
① 望　② 實　③ 結

• 所 ☐ : 바라는 것. 또는 희망하는것.

→ (　　　　　　)

05 다음 뜻과 음(소리)에 해당하는 한자를 보기 에서 찾아 그 번호를 쓰세요.

보기
① 念　② 當　③ 卒

• 생각 념 → (　　　　　　)

▶정답 7쪽

06 다음 설명 에 해당하는 한자어를 □ 안을 채워 완성하세요.

설명

익숙하게 되도록 되풀이하여 익히는 것.

답 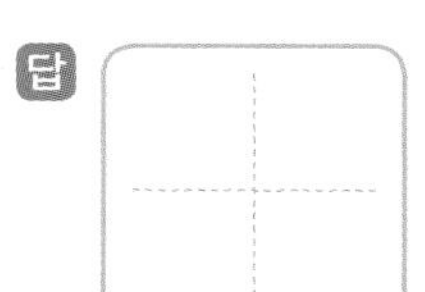 

07 다음 한자의 뜻을 보기 에서 찾아 그 번호를 쓰세요.

보기

① 과녁 ② 열매 ③ 생각

• 實 → (   )

08 다음 뜻에 해당하는 한자어를 보기 에서 찾아 그 번호를 쓰세요.

보기

① 失望 ② 親切 ③ 信念

• 마음에 굳게 믿는 것.

→ (   )

09 다음 밑줄 친 낱말에 해당하는 한자어를 보기 에서 찾아 그 번호를 쓰세요.

보기

① 化石 ② 萬能 ③ 變身

• 그녀는 모든 운동을 잘하는 <u>만능</u>선수입니다.

→ (   )

10 다음 한자의 뜻과 음(소리)을 쓰세요.

보기

典 → 법 **전**

(1) 當 → (   )

(2) 結 → (   )

2주 창의·융합·코딩 전략 ①

창의 융합

1 위 대화에서 밑줄 친 낱말에 해당하는 한자를 쓰세요.

답

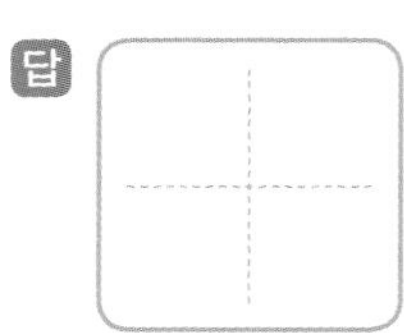

▶정답 8쪽

창의 융합

2 위 대화를 읽고, 과거의 환경에 대한 정보를 얻을 수 있는 것을 한글로 쓰세요.

→ (   )

창의·융합·코딩 전략 ❷

코딩

1 ‘한자 → 뜻 → 음(소리)’가 바르게 이어지도록 선으로 이으세요.

2 다음 한자어의 음(소리)을 보기 에서 찾아 해당하는 모양으로 표시하세요.

보기

학습 : ○

지식 : △

과제 : ☆

▶정답 8쪽

코딩

3 다음 규칙 에 따라 빈칸을 색칠하여 숨어 있는 한자의 음(소리)을 찾고, 음(소리)에 해당하는 한자를 찾아 ○표 하세요.

규칙

알 식	□	■	□	□	■
열매 실	■	□	■	□	■
변할 변	■	■	■	□	■
마땅 당	□	□	□	□	■
능할 능	□	■	□	□	■

變					
能					
識					
實					
當					

望 念 知

창의 융합

4 다음 글을 읽고, □ 안에 들어갈 한자어로 알맞은 것을 찾아 ∨표 하세요.

화석은 과거에 살던 동식물의 사체나 생활의 흔적이 바위 속에 남아 있다가 발굴된 것입니다. 동물의 뼈나 알·조개껍데기·나뭇잎 가운데는 오랜 세월 동안 그 위에 쌓인 모래나 진흙·물의 압력을 받아 단단해져서 □이 된 것이 있습니다. 그 밖에 화산이 폭발했을 때 생물이 용암에 깔려 □이 된 것도 있습니다.

□ 化石　　□ 火石

창의 융합

5 다음 규칙 에 따라 피아노를 연주할 때 '솔'은 몇 번 눌리는지 쓰세요.

(번)

규칙

練

結

化

악보에는
'익힐 련' –'맺을 결' – '될 화'
순서로 연주하라고
쓰여 있어.

창의 융합

6 다음과 같이 두 가지 색을 섞었을 때 나타나는 색과 두 한자가 합쳐져서 나타나는 한자어의 음(소리)을 쓰세요.

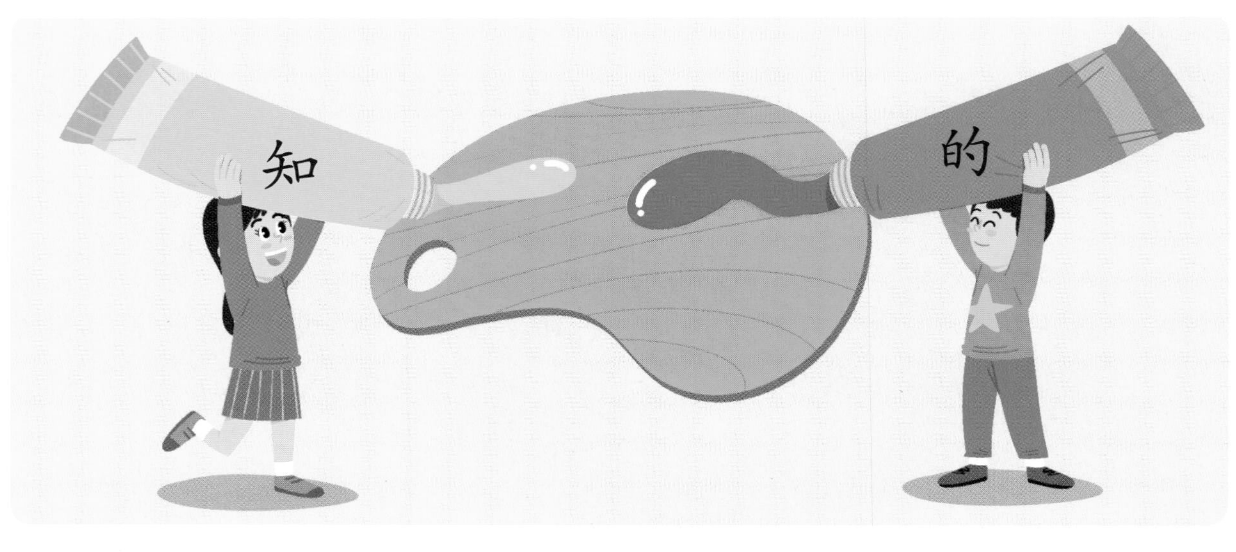

• 색 → ( ) • 한자어의 음(소리) → ( )

▶정답 8쪽

코딩

7 보물이 있는 곳까지 갈 수 있도록 화살표로 길을 안내하고 보물에 표시되어 있는 한자어의 음(소리)을 빈칸에 알맞게 적으세요.

창의 융합

8 가위바위보에서 이기면 두 칸을 올라가고 지면 그 자리에 머뭅니다. 여자 아이가 도착할 칸으로 알맞은 한자에 ◯표 하고, 한자의 뜻과 음(소리)을 쓰세요.

• 뜻 → ( ) • 음(소리) → ( )

전편 마무리 전략

마지막 문제입니다.
조선 시대 세조 때 만들기 시작하여
성종 때 완성한 法典(법전)의
이름은 무엇일까요?
QUIZ

경국대전
12
바람
답은
경국대전입니다!

정답입니다!
퀴즈 대회 우승자는
바람 학생입니다!

축하해!
우승이라니!
마지막 歷史(역사) 문제는
어떻게 알았어?
바람이가
성숙해진 것 같아.
엄청난
變化(변화)인걸?
12
바람
짝
짝
QUIZ
우승

❶ 신유형·신경향·서술형 전략 ❷ 적중 예상 전략

어떻게 공부했어? 엄청난 노력의 結果(결과)겠지?

퀴즈 대회 우승을 생각하고 공부한 건 아니야~ 공부는 내 發展(발전)을 위해 하는 거니까!

훗

!?

우승을 하면 받고 싶은 선물

1. 게임기
2. 스마트폰
3. 축구화

우승이 切實(절실)히 하고 싶었나 보네.

하하하.

만화를 보고, 지금까지 배운 한자를 기억해 보세요.

1주 | 역사 한자

歷 史 過 古 傳 禮 主 臣 歲 觀 士 仙 法 典 展 局

2주 | 학습 한자

練 習 結 課 變 化 能 的 知 切 識 實 望 念 當 卒

신유형·신경향·서술형 전략

학습 한자

1 다음 그림은 패럴림픽 양궁 선수가 훈련을 하는 모습입니다. 그림을 보고, 다음 물음에 답하세요.

❶ 그림에 나타난 한자의 뜻을 적으세요.

- 練 → (　　　　　　)
- 的 → (　　　　　　)

❷ 다음 빈칸에 들어갈 알맞은 한자어를 보기에서 찾아 쓰세요.

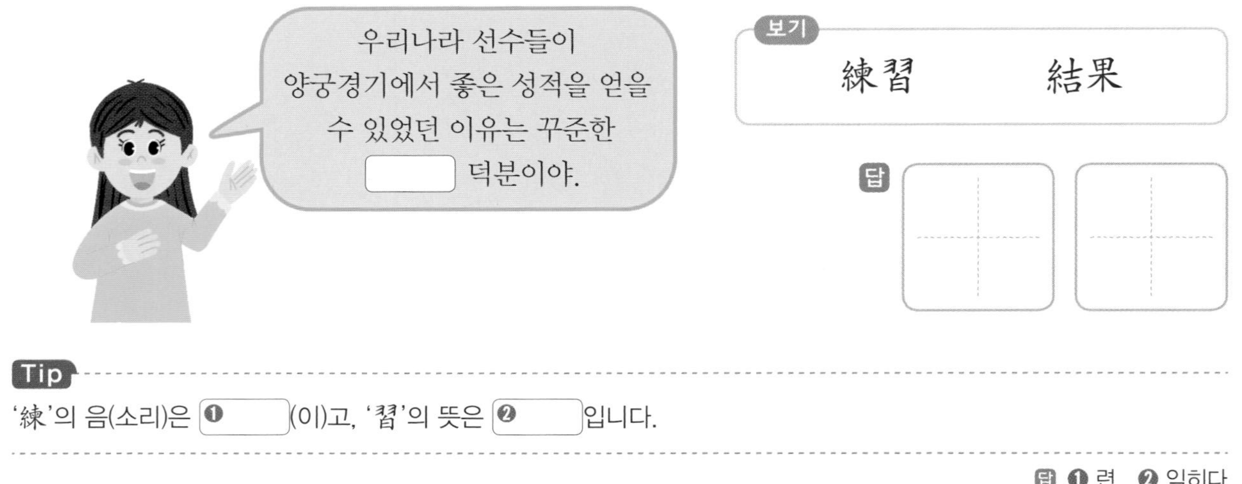

보기: 練習　　結果

답

Tip
'練'의 음(소리)은 ❶ (이)고, '習'의 뜻은 ❷ 입니다.

답 ❶ 련 ❷ 익히다

▶정답 8쪽

학습 한자

2 다음은 바다로 체험 학습을 다녀온 두 학생의 대화입니다. 대화를 읽고, 다음 물음에 답해 보세요.

❶ 두 학생의 대화에 나타난 한자어의 음(소리)을 적으세요.

- 方法 ➜ (   )
- 觀光 ➜ (   )

❷ 다음 그림에서 환경보호를 위한 행동으로 적절하지 않은 것에 ∨표 하세요.

Tip

'法'의 뜻은 [   ](이)고, '법'이라고 읽습니다.

답 법

학습 한자

3 바람이가 생일 선물로 로봇 선물을 받았습니다. 선물 상자 속에 있는 편지를 읽고 물음에 답하세요.

로봇은 자동차로도,
비행기로도 變身할 수 있어.
한마디로 萬能이라고 할
수 있지. 하지만 너의
바람대로 학교 과제를
해결해 주지는
않는단다.

– 생일을 축하하며 아빠가

❶ 편지에 적혀 있는 한자어의 음(소리)을 적으세요.

- 變身 → (　　　　　　　)
- 萬能 → (　　　　　　　)

❷ 편지의 밑줄 친 낱말에 해당하는 한자어를 한자로 쓰세요.

- 과제 →

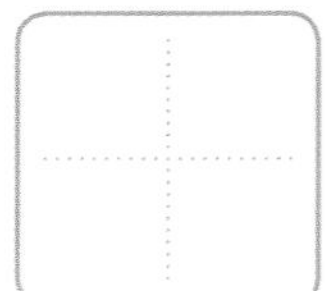

Tip

'교사가 학생들에게 내주는 학습이나 연구의 문제.'를 뜻하는 낱말은 (　　　) 입니다.

답 과제

▶정답 8쪽

역사 한자

4 바람이의 '오늘의 할 일'을 보고 물음에 답하세요.

오늘의 할 일		
○	×	연세가 많으신 할아버지께 전화 드리기.
○	×	歷史 소설책 도서관에 반납하기.
○	×	약국에 엄마 심부름 다녀오기.
○	×	傳來 동화 읽고 독후감 쓰기.

❶ '오늘의 할 일'에 있는 한자어의 음(소리)을 적으세요.

- '歷史'의 음(소리) → (　　　　　)
- '傳來'의 음(소리) → (　　　　　)

❷ '오늘의 할 일'의 밑줄 친 낱말에 해당하는 한자어를 보기 에서 찾아 쓰세요.

Tip
'歲'는 ❶ 를 뜻하고, '局'은 ❷ 을/를 뜻하는 한자입니다.

답 ❶ 해 ❷ 판

적중 예상 전략 1회

[문제 01~02] 다음 밑줄 친 漢字語한자어의 讀音(독음: 읽는 소리)을 쓰세요.

우리 반은 서대문 형무소로 01 <u>歷史</u> 현장 학습을 갔습니다. 그곳에에 도착하니 독립 02 <u>萬歲</u>를 외쳤던 유관순 열사의 행적이 절로 떠올랐습니다.

01 歷史 → (　　　　　　)

02 萬歲 → (　　　　　　)

[문제 03~04] 다음 漢字한자의 訓(훈: 뜻)과 音(음: 소리)을 쓰세요.

> 보기
> 古 → 예 고

03 禮 → (　　　　　　)

04 主 → (　　　　　　)

▶정답 8쪽

[문제 05~06] 다음 제시한 漢字語한자어와 뜻에 맞는 同音語동음어를 보기 에서 찾아 그 번호를 쓰세요.

보기

① 觀光 ② 藥局
③ 國史 ④ 軍士

05 弱國-( ): 약사의 약을 판매하는 곳. ➜ ( )

06 軍史-( ): 군인이나 군대를 이르는 말. ➜ ( )

[문제 07~08] 다음 訓(훈: 뜻)과 音(음: 소리)을 가진 漢字한자를 쓰세요.

07 군사 군 ➜ ( )

08 해 년 ➜ ( )

[문제 09~10] 다음 漢字한자의 약자(略字: 획수를 줄인 漢字)를 쓰세요.

09 傳 → (　　　　　)

10 觀 → (　　　　　)

[문제 11~12] 다음 뜻에 맞는 漢字語한자어를 보기에서 찾아 그 번호를 쓰세요.

보기

① 觀光　② 古典
③ 神仙　④ 發展

11 더 좋은 상태로 변하는 것.
→ (　　　　　)

12 다른 지방이나 다른 나라에 가서 구경함.
→ (　　　　　)

[문제 13~14] **다음 문장의 밑줄 친 漢字語한자어를 漢字한자로 쓰세요.**

13 할아버지의 연세는 <u>작년</u>에 일흔아홉이셨습니다. ➜ (　　　　　)

14 아빠가 다니시는 회사는 <u>창문</u>이 매우 많고 큽니다. ➜ (　　　　　)

[문제 15~16] **다음 漢字한자의 진하게 표시된 획은 몇 번째 쓰는지 보기에서 찾아 그 번호를 쓰세요.**

① 두 번째　　② 세 번째
③ 네 번째　　④ 다섯 번째

15

(　　　　　)

16 局 (　　　　　)

적중 예상 전략 2회

[문제 01~02] 다음 밑줄 친 漢字語한자어의 讀音(독음: 읽는 소리)을 쓰세요.

오늘은 과학 시간에는 공룡의 01 化石에 대해 공부하였습니다. 옛날에 살았던 생물의 흔적을 조사하고 연구하는 일이 신비롭습니다. 훗날, 02 知的 능력을 기르는 일에 도전하고 싶습니다.

01 化石 → (　　　　　)

02 知的 → (　　　　　)

[문제 03~04] 다음 漢字한자의 訓(훈: 뜻)과 音(음: 소리)을 쓰세요.

보기
士 → 선비 사

03 能 → (　　　　　)

04 卒 → (　　　　　)

▶정답 9쪽

[문제 05~06] 다음 문장의 밑줄 친 漢字語한자어를 漢字한자로 찾아 쓰세요.

05 학문의 목적은 진리를 탐구하는 것입니다. ➔ (　　　　)

06 끊임없는 도전 끝에 과학자들의 소망이 이루어졌습니다.
➔ (　　　　)

[문제 07~08] 다음 訓(훈: 뜻)과 音(음: 소리)에 맞는 漢字한자를 쓰세요.

07 실과 **과** ➔ (　　　　)

08 잃을 **실** ➔ (　　　　)

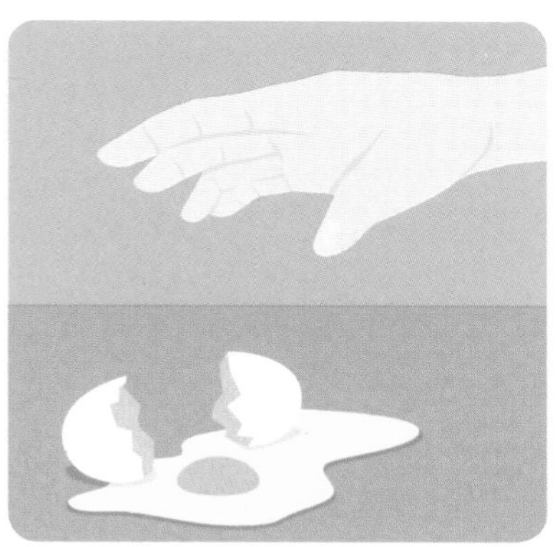

[문제 09~10] 다음 漢字한자와 뜻이 같거나 비슷한 漢字한자를 보기 에서 찾아 그 번호를 쓰세요.

보기

① 果 ② 知
③ 習 ④ 識

09 가을이 되면, 과수원에서는 갖가지 맛있는 ( )實을 수확합니다.
➔ ( )

10 끊임없는 練( )만이 발전할 수 있는 지름길입니다. ➔ ( )

[문제 11~12] 다음 四字成語사자성어의 ( ) 안에 알맞은 漢字한자를 보기 에서 찾아 그 번호를 쓰세요.

보기

① 識 ② 知
③ 能 ④ 習

11 多才多( ): 재주와 능력이 여러 가지로 많음. ➔ ( )

12 聞一( )十: 하나를 듣고 열 가지를 미루어 안다는 뜻으로, 지극히 총명함을 이르는 말. ➔ ( )

▶정답 9쪽

[문제 13~14] 다음 뜻에 맞는 漢字語한자어를 보기 에서 찾아 그 번호를 쓰세요.

보기
① 變身　　② 當日
③ 親切　　④ 結果

13 몸이나 모습을 다르게 바꾸는 것.
 (　　　　　　)

14 사람을 대하는 태도가 다정하고 정성스러움.　➔ (　　　　　　)

[문제 15~16] 다음 漢字한자의 진하게 표시된 획은 몇 번째 쓰는지 보기 에서 찾아 그 번호를 쓰세요.

① 다섯 번째　　② 여섯 번째
③ 일곱 번째　　④ 여덟 번째

15

(　　　　　　)

16

(　　　　　　)

교과 학습 한자어 전략

교과 학습 한자어 01

실 사

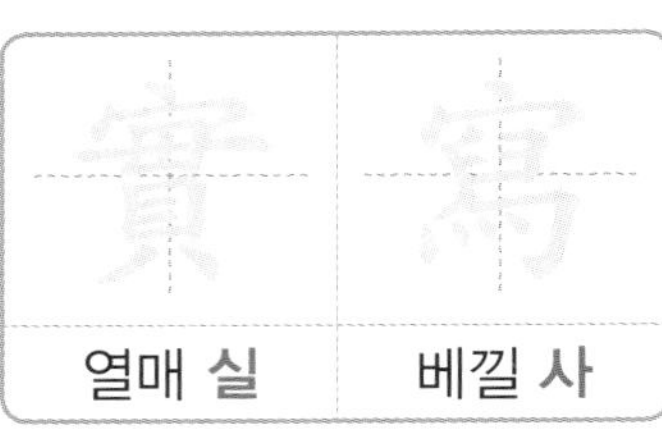

뜻 실제 사물이나 경치 따위를 그리거나 찍음. 또는 그런 그림이나 사진.

심화 한자 1 부수 宀 | 총 15획

베낄 사

'베끼다'나 '본뜨다'를 뜻하는 한자예요. 실물을 밑에 깔고, 그 위에 종이를 덧씌웠다고 하여 이러한 뜻으로 쓰이게 되었어요.

寫 베낄 사 | 寫 베낄 사

쓰는 순서 丶 丷 宀 宀 宀 宀 宀 宀 宀 宀 寫 寫 寫 寫 寫

교과 학습 한자어 02

전 시

뜻 여러 가지 물품을 한곳에 벌여 놓고 보임.

심화 한자 2 부수 示 | 총 5획

보일 시

'보이다'나 '알리다'를 뜻하는 한자예요. 제물을 차려 놓은 제단의 모양을 본뜬 것으로 제물을 신에게 보여 준다는 의미에서 이러한 뜻을 갖게 되었어요.

示 보일 시 | 示 보일 시

쓰는 순서 一 二 亍 亓 示

교과 학습 한자어 | 03 |

경 치

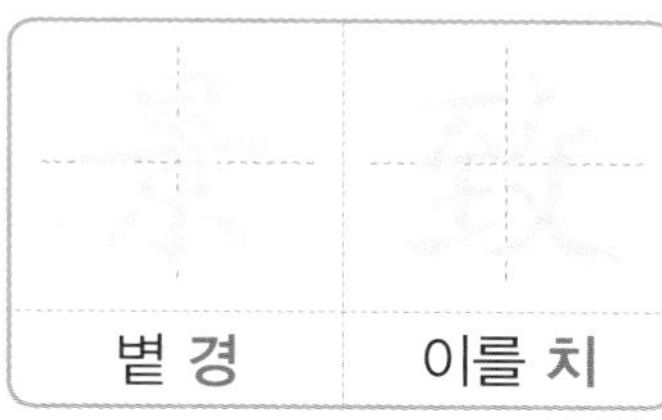

뜻 산이나 들, 강, 바다 따위의 자연이나 지역의 모습.

심화 한자 3 부수 至 | 총 10획

이를 치

'이르다'나 '보내다'를 뜻하는 한자예요. 발걸음이 어느 지점에 도달한 모습을 뜻해요.

致	致			
이를 치	이를 치			

쓰는 순서 一 工 工 즈 至 至 到 致 致 致

교과 학습 한자어 | 04 |

가 능

뜻 할 수 있거나 될 수 있음.

심화 한자 4 부수 口 | 총 5획

옳을 가

'옳다'나 '허락하다'를 뜻하는 한자예요. '좋다', '가능하다'는 뜻으로 쓰이고 있어요.

可	可			
옳을 가	옳을 가			

쓰는 순서 一 丁 可 可 可

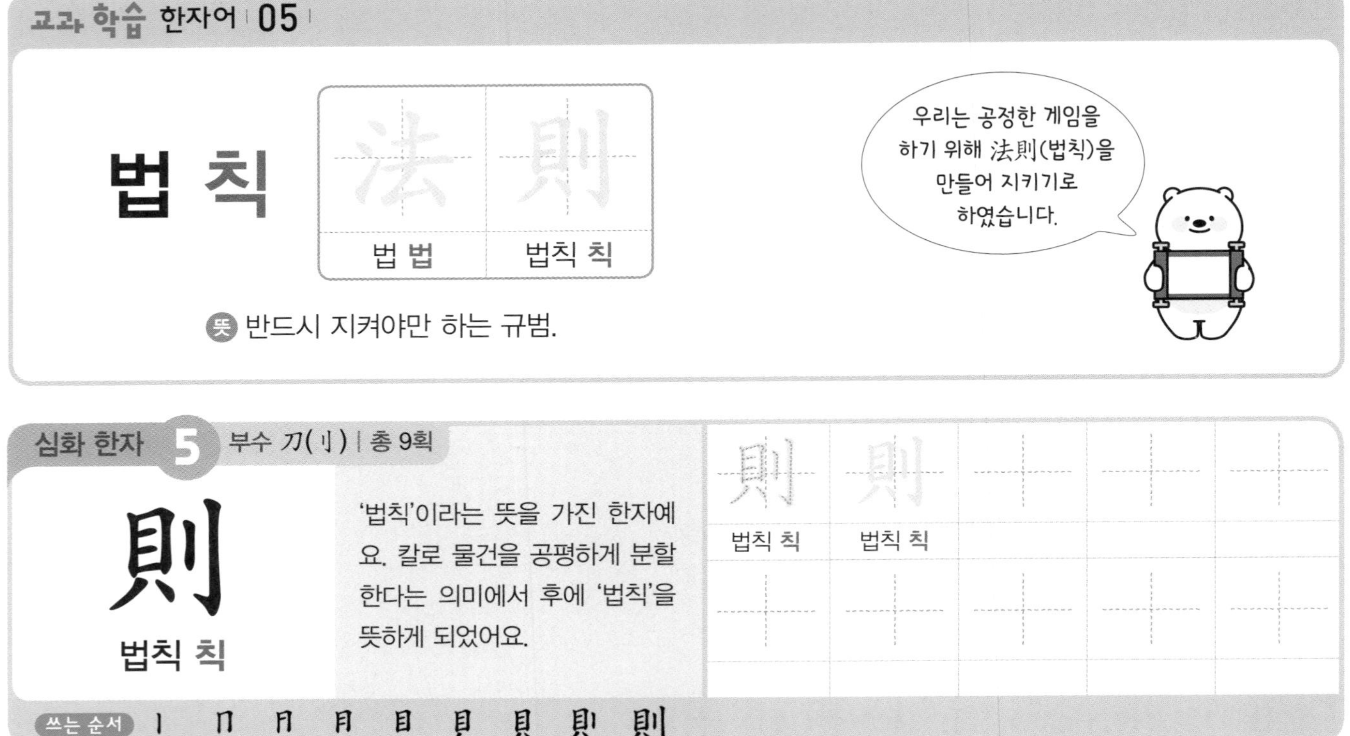

교과 학습 한자어 | 05 |

법 칙

法 則

법 법 | 법칙 칙

뜻 반드시 지켜야만 하는 규범.

심화 한자 5 부수 刀(刂) | 총 9획

則

법칙 칙

'법칙'이라는 뜻을 가진 한자예요. 칼로 물건을 공평하게 분할한다는 의미에서 후에 '법칙'을 뜻하게 되었어요.

則 則

법칙 칙 | 법칙 칙

쓰는 순서 丨 冂 冂 月 目 貝 貝 貝' 則

1 다음 한자어에 해당하는 뜻을 찾아 ∨표 하세요.

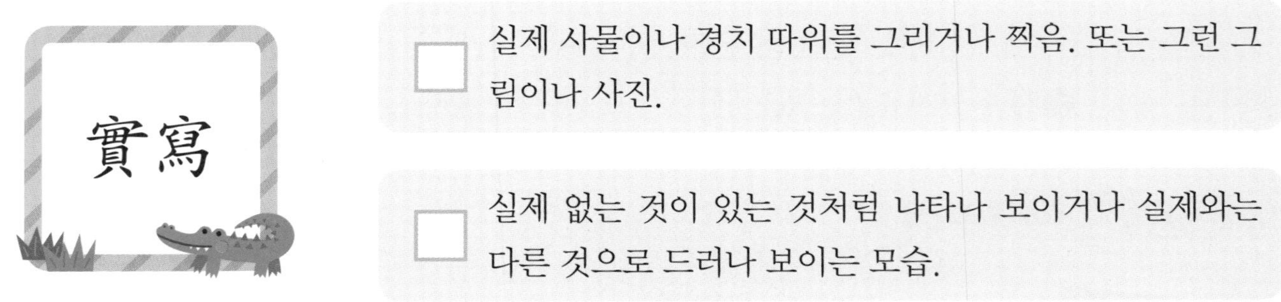

實寫

☐ 실제 사물이나 경치 따위를 그리거나 찍음. 또는 그런 그림이나 사진.

☐ 실제 없는 것이 있는 것처럼 나타나 보이거나 실제와는 다른 것으로 드러나 보이는 모습.

▶정답 8쪽

2 다음 설명에 해당하는 한자어를 찾아 ∨표 하세요.

3 다음 문장의 내용이 맞으면 '예', 틀리면 '아니요'에 ○표 하세요.

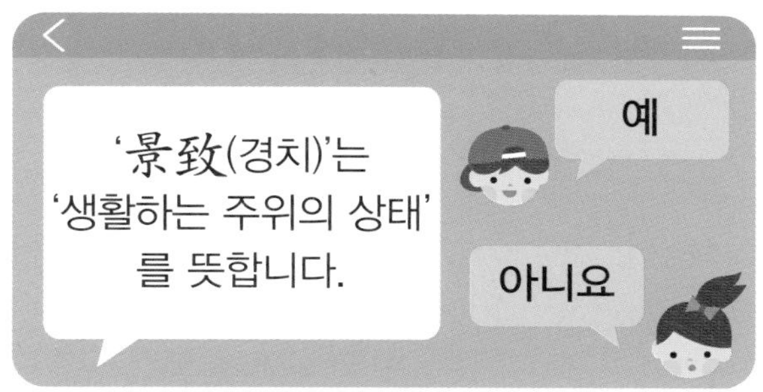

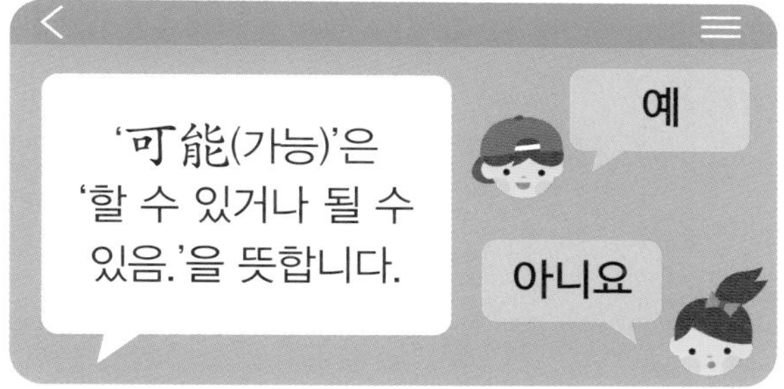

4 다음 뜻에 해당하는 한자어를 찾아 ○표 하세요.

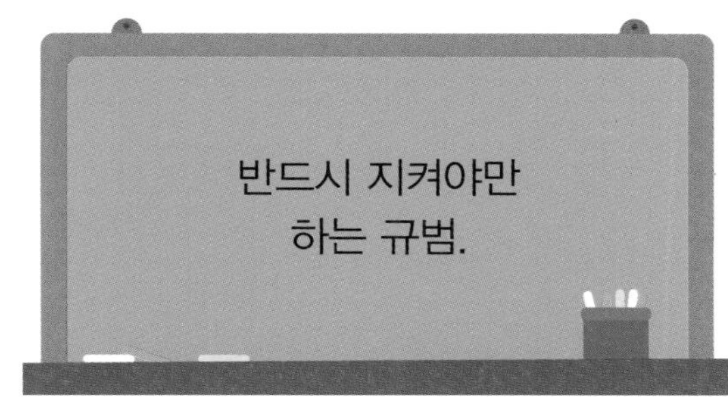

학습 내용 찾아보기

한자

한자어

전편을 모두 공부하느라
수고 많았어요!

쑥쑥 오른 한자 실력으로
어려운 문제도 척척 풀 수 있을 거예요.

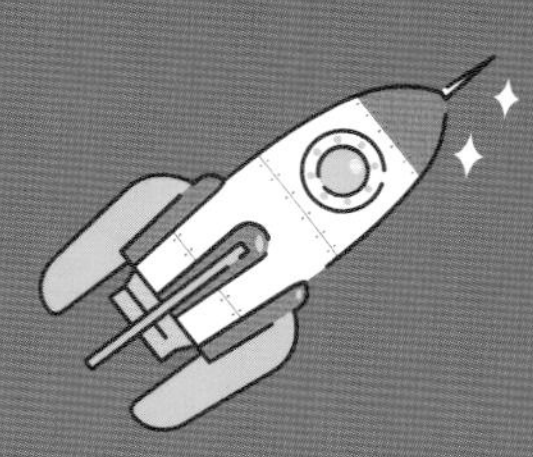

이제는 후편을 공부하며
차근차근 한자 실력을 길러 볼까요?

어떤 한자가 우리를 기다리고 있을지
준비, 출발!

6단계 A 5급 Ⅱ ①

후편

이 책의 차례

전편

후편

장사 한자 8쪽

유통 한자 42쪽

5급 Ⅱ 배정 한자 총 400자

은 6단계 A 전편 학습 한자, 은 후편 학습 한자입니다.

ㄱ 價	家	歌	各	角	間	感	強	江	開
값 가	집 가	노래 가	각각 각	뿔 각	사이 간	느낄 감	강할 강	강 강	열 개
客	車	格	見	決	結	敬	京	計	界
손 객	수레 거|수레 차	격식 격	볼 견|뵈올 현	결단할 결	맺을 결	공경 경	서울 경	셀 계	지경 계
告	高	苦	古	功	公	空	工	共	課
고할 고	높을 고	쓸 고	예 고	공 공	공평할 공	빌 공	장인 공	한가지 공	공부할/과정 과
科	過	果	觀	關	廣	光	交	敎	校
과목 과	지날 과	실과 과	볼 관	관계할 관	넓을 광	빛 광	사귈 교	가르칠 교	학교 교
具	球	區	九	舊	口	局	國	郡	軍
갖출 구	공 구	구분할/지경 구	아홉 구	예 구	입 구	판 국	나라 국	고을 군	군사 군
根	近	今	金	急	級	基	己	旗	記
뿌리 근	가까울 근	이제 금	쇠 금|성 김	급할 급	등급 급	터 기	몸 기	기 기	기록할 기
氣	ㄴ 男	南	內	女	年	念	農	能	ㄷ 多
기운 기	사내 남	남녘 남	안 내	여자 녀	해 년	생각 념	농사 농	능할 능	많을 다
團	短	答	當	堂	代	對	待	大	德
둥글 단	짧을 단	대답 답	마땅 당	집 당	대신할 대	대할 대	기다릴 대	큰 대	큰 덕
圖	道	度	到	讀	獨	冬	洞	東	童
그림 도	길 도	법도 도|헤아릴 탁	이를 도	읽을 독|구절 두	홀로 독	겨울 동	골 동|밝을 통	동녘 동	아이 동
動	同	頭	等	登	ㄹ 樂	朗	來	良	旅
움직일 동	한가지 동	머리 두	무리 등	오를 등	즐길 락|노래 악|좋아할 요	밝을 랑	올 래	어질 량	나그네 려

歷	力	練	例	禮	路	老	勞	綠	類
지날 력	힘 력	익힐 련	법식 례	예도 례	길 로	늙을 로	일할 로	푸를 록	무리 류
流	陸	六	理	里	李	利	林	立	ㅁ 萬
흐를 류	뭍 륙	여섯 륙	다스릴 리	마을 리	오얏/성 리	이할 리	수풀 림	설 립	일만 만
望	每	面	命	明	名	母	目	木	文
바랄 망	매양 매	낯 면	목숨 명	밝을 명	이름 명	어머니 모	눈 목	나무 목	글월 문
聞	門	問	物	米	美	民	ㅂ 朴	班	反
들을 문	문 문	물을 문	물건 물	쌀 미	아름다울 미	백성 민	성 박	나눌 반	돌이킬/돌아올 반
半	發	放	方	百	白	番	法	變	別
반 반	필 발	놓을 방	모 방	일백 백	흰 백	차례 번	법 법	변할 변	다를/나눌 별
兵	病	福	服	本	奉	部	夫	父	北
병사 병	병 병	복 복	옷 복	근본 본	받들 봉	떼 부	지아비 부	아버지 부	북녘 북|달아날 배
分	不	ㅅ 四	社	史	士	仕	事	死	使
나눌 분	아닐 불	넉 사	모일 사	사기 사	선비 사	섬길 사	일 사	죽을 사	하여금/부릴 사
產	算	山	三	商	相	上	色	生	書
낳을 산	셈 산	메 산	석 삼	장사 상	서로 상	윗 상	빛 색	날 생	글 서
西	石	席	夕	鮮	先	仙	線	雪	說
서녘 서	돌 석	자리 석	저녁 석	고울 선	먼저 선	신선 선	줄 선	눈 설	말씀 설|달랠 세
省	姓	性	成	洗	歲	世	所	消	小
살필 성|덜 생	성 성	성품 성	이룰 성	씻을 세	해 세	인간 세	바 소	사라질 소	작을 소

5급 Ⅱ 배정 한자 총 400자

少	束	速	孫	首	樹	手	數	水	宿
적을 소	묶을 속	빠를 속	손자 손	머리 수	나무 수	손 수	셈 수	물 수	잘 숙|별자리 수
順	術	習	勝	時	始	市	食	式	植
순할 순	재주 술	익힐 습	이길 승	때 시	비로소 시	저자 시	밥/먹을 식	법 식	심을 식
識	臣	神	身	信	新	實	失	室	心
알 식	신하 신	귀신 신	몸 신	믿을 신	새 신	열매 실	잃을 실	집 실	마음 심
十	ㅇ 兒	惡	安	愛	夜	野	約	藥	弱
열 십	아이 아	악할 악|미워할 오	편안 안	사랑 애	밤 야	들 야	맺을 약	약 약	약할 약
養	陽	洋	語	言	業	然	永	英	午
기를 양	볕 양	큰바다 양	말씀 어	말씀 언	업 업	그럴 연	길 영	꽃부리 영	낮 오
五	溫	王	外	要	勇	用	友	雨	右
다섯 오	따뜻할 온	임금 왕	바깥 외	요긴할 요	날랠 용	쓸 용	벗 우	비 우	오를/오른(쪽) 우
雲	運	園	遠	元	月	偉	油	由	有
구름 운	옮길 운	동산 원	멀 원	으뜸 원	달 월	클 위	기름 유	말미암을 유	있을 유
育	銀	飮	音	邑	意	衣	醫	二	以
기를 육	은 은	마실 음	소리 음	고을 읍	뜻 의	옷 의	의원 의	두 이	써 이
人	任	一	日	入	ㅈ 字	者	自	子	昨
사람 인	맡길 임	한 일	날 일	들 입	글자 자	사람 자	스스로 자	아들 자	어제 작
作	章	長	場	在	材	財	才	的	電
지을 작	글 장	긴 장	마당 장	있을 재	재목 재	재물 재	재주 재	과녁 적	번개 전

典	戰	前	全	傳	展	切	節	店	情
법 전	싸움 전	앞 전	온전 전	전할 전	펼 전	끊을 절|온통 체	마디 절	가게 점	뜻 정
庭	正	定	弟	題	第	調	朝	祖	族
뜰 정	바를 정	정할 정	아우 제	제목 제	차례 제	고를 조	아침 조	할아버지 조	겨레 족
足	卒	種	左	州	週	晝	注	主	住
발 족	마칠 졸	씨 종	왼 좌	고을 주	주일 주	낮 주	부을 주	임금/주인 주	살 주
中	重	知	地	紙	直	質	集	ㅊ 着	參
가운데 중	무거울 중	알 지	땅 지	종이 지	곧을 직	바탕 질	모을 집	붙을 착	참여할 참
窓	責	川	千	天	淸	靑	體	草	寸
창 창	꾸짖을 책	내 천	일천 천	하늘 천	맑을 청	푸를 청	몸 체	풀 초	마디 촌
村	秋	春	出	充	親	七	ㅌ 太	宅	土
마을 촌	가을 추	봄 춘	날 출	채울 충	친할 친	일곱 칠	클 태	집 택	흙 토
通	特	ㅍ 八	便	平	表	品	風	必	筆
통할 통	특별할 특	여덟 팔	편할 편|똥오줌 변	평평할 평	겉 표	물건 품	바람 풍	반드시 필	붓 필
ㅎ 下	夏	學	韓	漢	合	海	害	行	幸
아래 하	여름 하	배울 학	한국/나라 한	한수/한나라 한	합할 합	바다 해	해할 해	다닐 행|항렬 항	다행 행
向	現	形	兄	號	畫	花	化	話	火
향할 향	나타날 현	모양 형	형 형	이름 호	그림 화|그을 획	꽃 화	될 화	말씀 화	불 화
和	活	黃	會	效	孝	後	訓	休	凶
화할 화	살 활	누를 황	모일 회	본받을 효	효도 효	뒤 후	가르칠 훈	쉴 휴	흉할 흉

장사 한자

OO 문구점

와, 문구점(店)이 정말 넓다[廣]!

사고 싶은 물건[品]도 잔뜩 있어!

이것도 사고 싶고 저것도 사고 싶다. 그치?

바람아, 네가 물건을 흩어 놓으면 다른 손님[客]들이 불편해질 것 같아.

앗, 물건이 제자리에 있도록[在] 잘 정리해 놓을게.

와 이 가방 좀 봐. '바람이 가방'이라고 쓰여 있는 것 같아.

내 눈에는 그렇게 보이지 않는걸.

학습할 한자

❶ 商 장사 **상** ❷ 店 가게 **점** ❸ 價 값 **가** ❹ 格 격식 **격** ❺ 廣 넓을 **광** ❻ 告 고할 **고**
❼ 開 열 **개** ❽ 在 있을 **재** ❾ 品 물건 **품** ❿ 具 갖출 **구** ⓫ 種 씨 **종** ⓬ 筆 붓 **필**
⓭ 財 재물 **재** ⓮ 客 손 **객** ⓯ 計 셀 **계** ⓰ 利 이할 **리**

점선 위로 겹쳐서 한자를 써 보세요.

연한 글씨 위로 겹쳐서 한자를 따라 써 보세요.

한자 1 부수 口 | 총 11획

商 장사 상

좌판 위에 물건을 올려놓고 팔기 위해 소리 지르는 모습에서 (　　　)(이)라는 뜻이 생겼어요.

답 장사

商 장사 상 / 商 장사 상

쓰는 순서 丶 亠 亠 产 产 产 产 商 商 商 商

한자 2 부수 广 | 총 8획

店 가게 점

물건을 늘어놓고 파는 곳을 가리키는 한자로 (　　　)을/를 뜻해요.

답 가게

店 가게 점 / 店 가게 점

쓰는 순서 丶 亠 广 广 庁 庐 店 店

한자 3 부수 人(亻) | 총 15획

價 값 가

'사람과 사람 간의 거래'를 의미하는 데서 (　　　)을/를 뜻하게 되었어요.

답 값

價 값 가 / 價 값 가

쓰는 순서 丿 亻 亻 亻 亻 亻 亻 亻 亻 價 價 價 價 價 價 약자 価

한자 4 부수 木 | 총 10획

格 격식 격

가지치기한 나무를 나타낸 한자로 가지치기한 나무처럼 잘 다듬어진 (　　　)이나 '인격'을 뜻해요.

답 격식

格 격식 격 / 格 격식 격

쓰는 순서 一 十 才 木 木 杪 权 格 格 格

한자 기초 확인

▶정답 9쪽

1 친구들이 말하는 뜻과 음(소리)에 해당하는 한자 를 찾아 ○표 하세요.

2 밑줄 친 뜻이나 음(소리)에 해당하는 한자를 찾아 ∨표 하세요.

점선 위로 겹쳐서 한자를 써 보세요.

연한 글씨 위로 겹쳐서 한자를 따라 써 보세요.

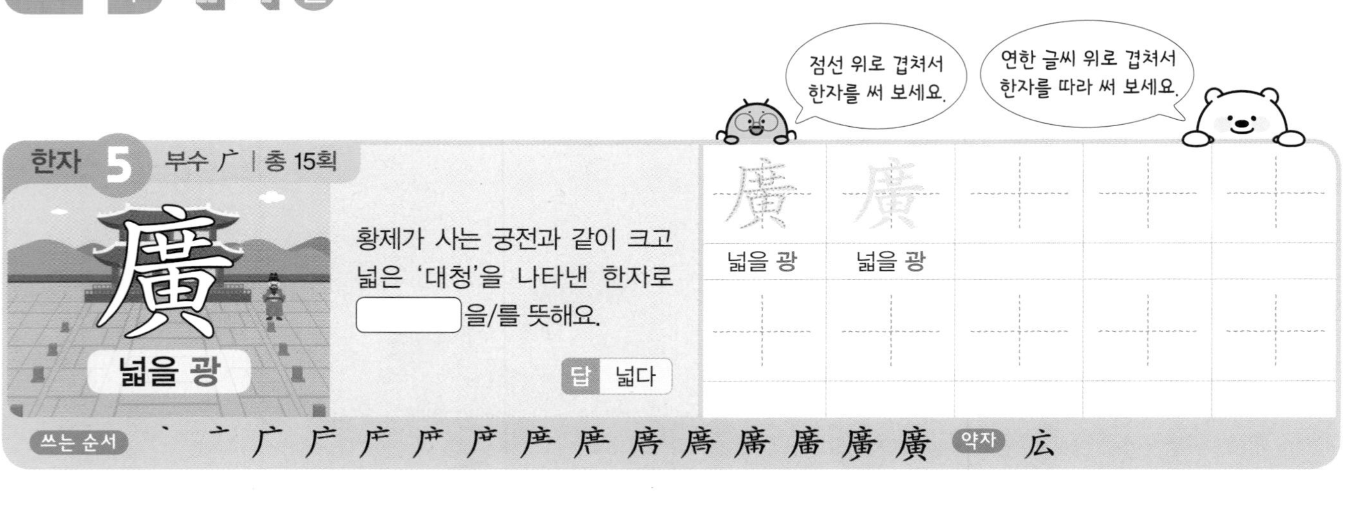

황제가 사는 궁전과 같이 크고 넓은 '대청'을 나타낸 한자로 (　　　)을/를 뜻해요.

답 넓다

쓰는 순서 丶 亠 广 广 庐 庐 庐 庐 庐 庐 庐 庐 庐 庐 廣 약자 広

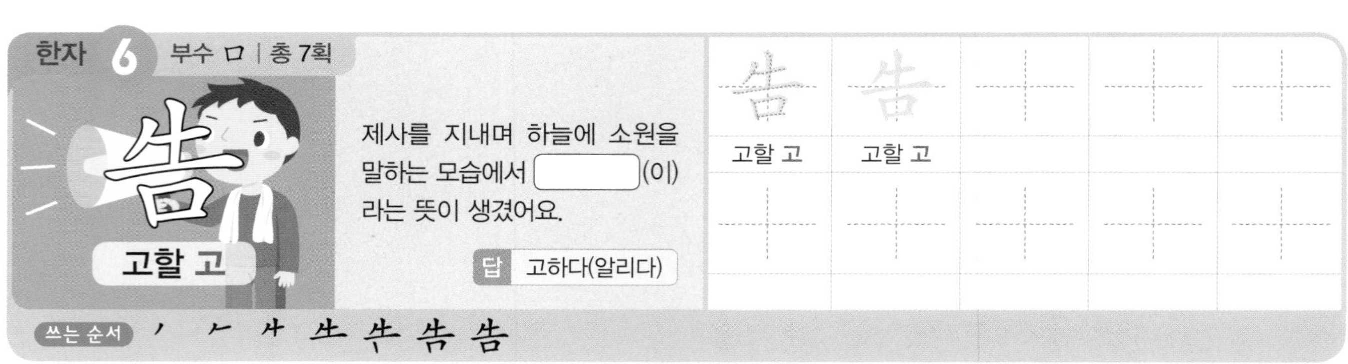

제사를 지내며 하늘에 소원을 말하는 모습에서 (　　　)(이)라는 뜻이 생겼어요.

답 고하다(알리다)

쓰는 순서 ノ 𠂉 ⺧ 生 牛 告 告

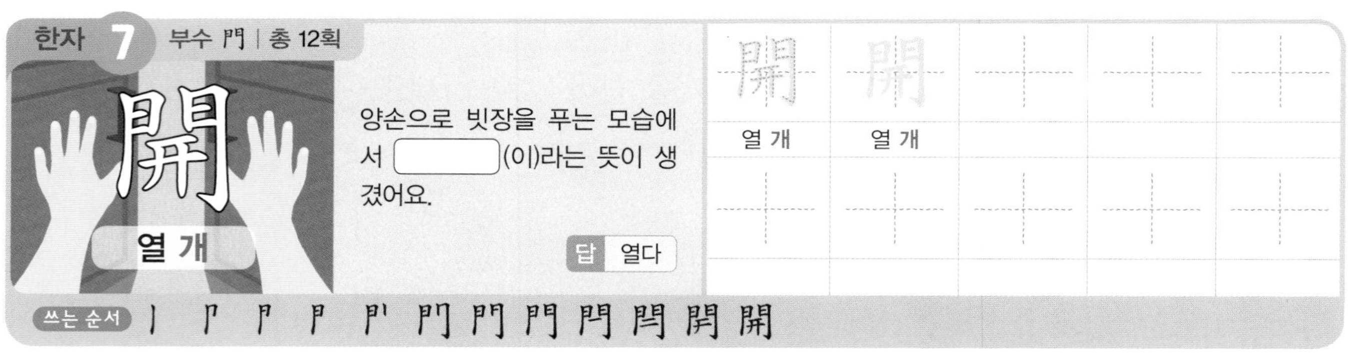

양손으로 빗장을 푸는 모습에서 (　　　)(이)라는 뜻이 생겼어요.

답 열다

쓰는 순서 丨 ㄱ ㄱ 尸 尸 門 門 門 門 閂 開 開

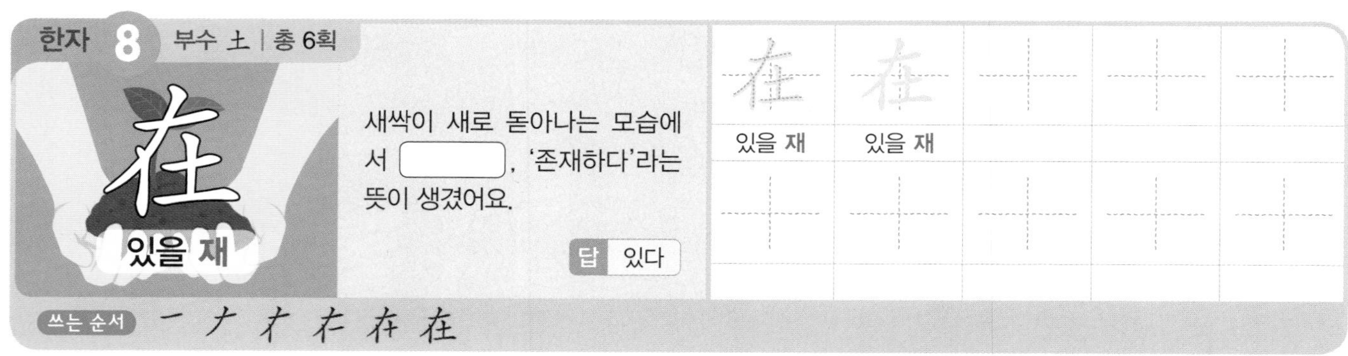

새싹이 새로 돋아나는 모습에서 (　　　), '존재하다'라는 뜻이 생겼어요.

답 있다

쓰는 순서 一 ナ 𠂇 𠂇 在 在

▶정답 9쪽

3 한자의 뜻과 한자가 바르게 이어지도록 선으로 이으세요.

4 한자 '열 개'와 '있을 재'를 찾아 ○표 하세요.

1 다음 한자의 뜻과 음(소리)으로 알맞은 것을 찾아 선으로 이으세요.

2 사다리를 타고 내려가 음(소리)과 바르게 이어진 한자에 ◯표 하세요.

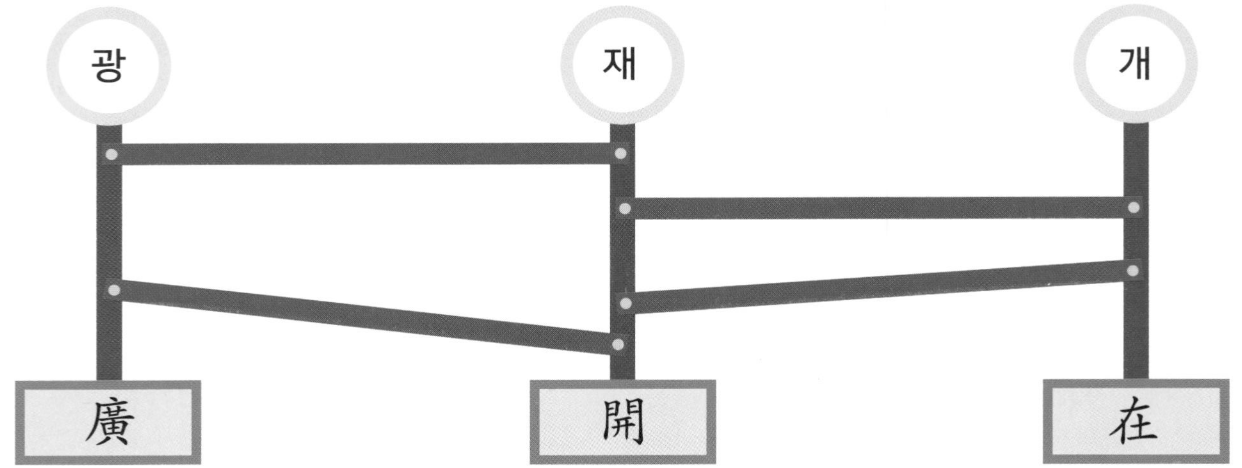

3 다음 뜻에 해당하는 한자를 찾아 ∨표 하세요.

▶정답 10쪽

4 다음 뜻과 음(소리)에 해당하는 한자를 보기 에서 찾아 그 번호를 쓰세요.

보기

① 廣　　② 在　　③ 格　　④ 價

(1) 있을 재 ➔ (　　　　)

(2) 넓을 광 ➔ (　　　　)

5 다음 밑줄 친 낱말에 해당하는 한자를 찾아 ○표 하세요.

6 다음 한자 카드에 들어갈 뜻과 음(소리)을 쓰세요.

점선 위로 겹쳐서 한자를 써 보세요.

연한 글씨 위로 겹쳐서 한자를 따라 써 보세요.

한자 1 부수 口 | 총 9획

品 물건 품

여러 개의 그릇이 함께 놓여 있는 모습을 표현한 한자로 (   ) 또는 '품격'을 뜻해요.

답 물건

品 물건 품 / 品 물건 품

쓰는 순서 丨 ㄇ 口 口 吕 吕 品 品 品

한자 2 부수 八 | 총 8획

具 갖출 구

신에게 제사 지낼 때 사용한 솥을 양손으로 든 모습에서 (   )을/를 뜻하게 되었어요.

답 갖추다

具 갖출 구 / 具 갖출 구

쓰는 순서 丨 冂 月 月 目 且 貝 具

한자 3 부수 禾 | 총 14획

種 씨 종

볍씨를 등에 짊어진 사람을 나타낸 한자로 ❶(   )을/를 뜻해요. 곡식의 종자가 다양한 데서 ❷(   )(이)라는 뜻도 생겼어요.

답 ❶ 씨(씨앗) ❷ 종류

種 씨 종 / 種 씨 종

쓰는 순서 ノ 二 千 千 禾 禾 禾 禾 秆 秆 秳 稙 種 種

한자 4 부수 竹(⺮) | 총 12획

筆 붓 필

손에 붓을 쥐고 있는 모습에서 (   )을/를 뜻하게 되었어요.

답 붓

筆 붓 필 / 筆 붓 필

쓰는 순서 ノ ㅗ 𠂉 𥫗 𥫗 竹 竺 竽 笋 筀 筆 筆

한자 기초 확인

▶정답 10쪽

1 한자와 한자의 뜻과 음(소리)으로 알맞은 것을 찾아 선으로 이으세요.

물건 품　　　갖출 구

2 그림의 ◌에 해당하는 한자를 찾아 ∨표 하세요.

□ 種　　□ 具　　□ 品　　□ 筆

점선 위로 겹쳐서 한자를 써 보세요.

연한 글씨 위로 겹쳐서 한자를 따라 써 보세요.

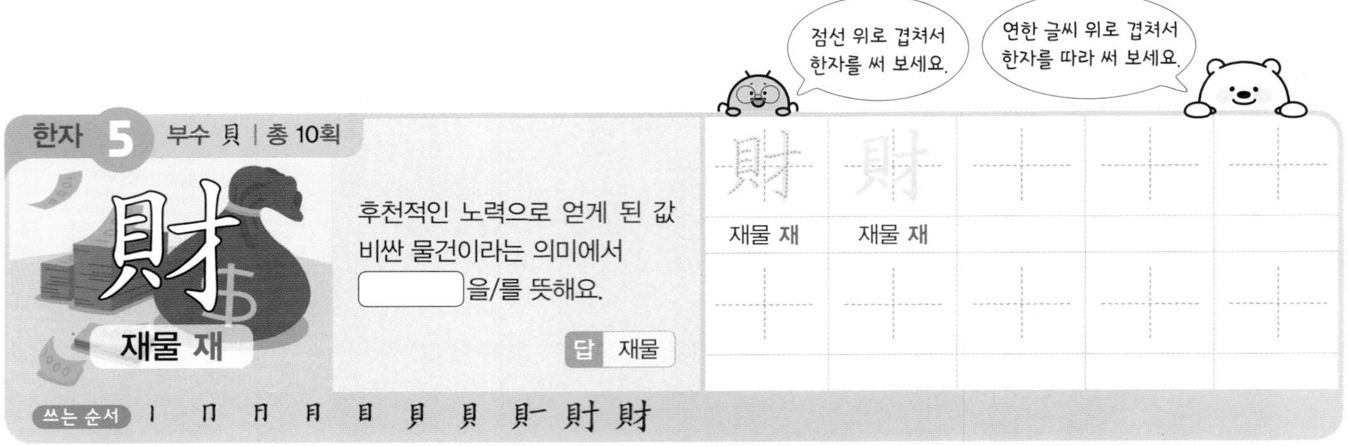

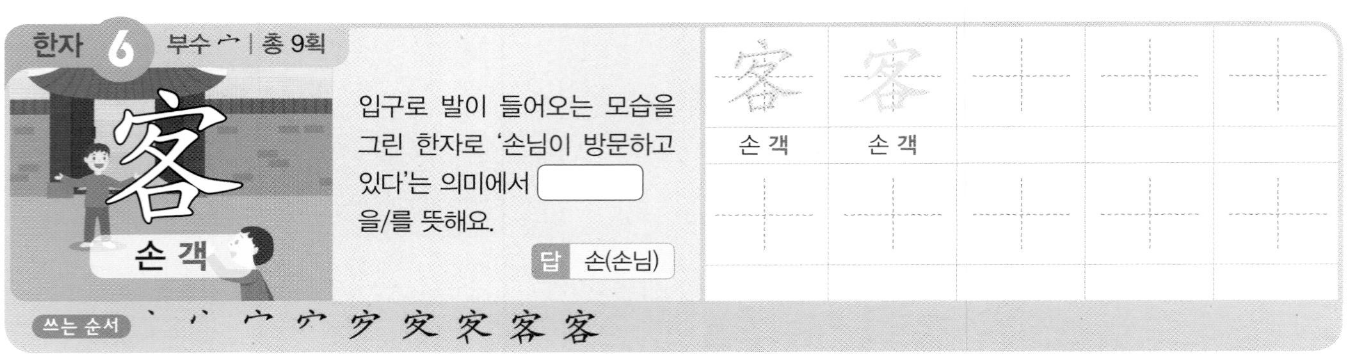

뜻이 반대인 한자 主(주인/임금 **주**)

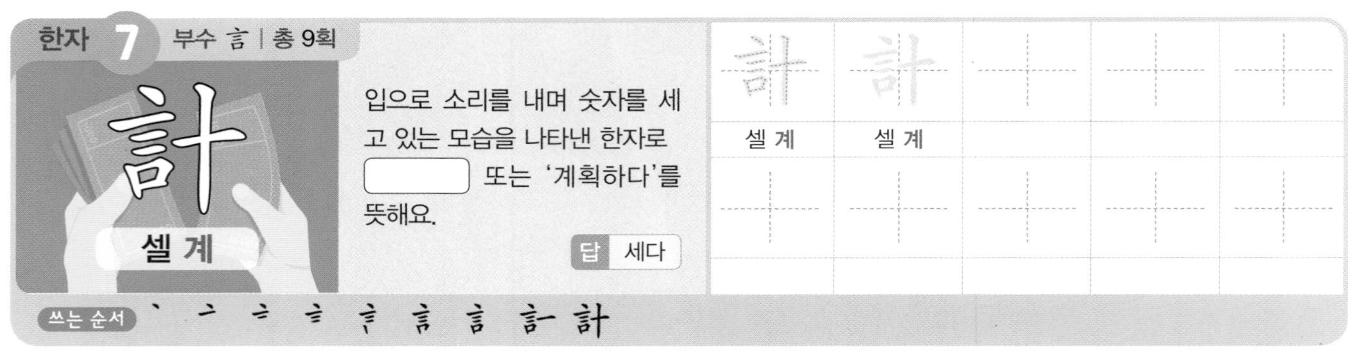

뜻이 비슷한 한자 算(셈 **산**)

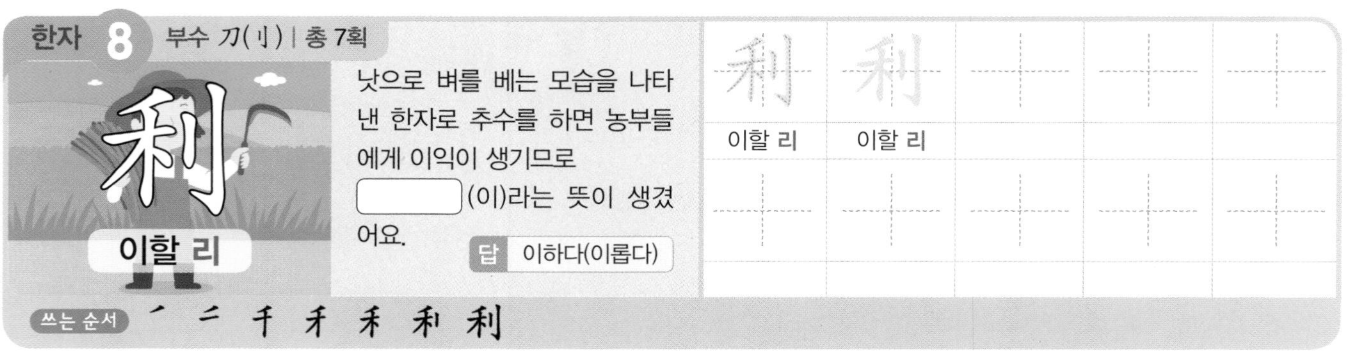

▶정답 10쪽

3 다음 그림을 보고, 뜻과 음(소리)에 해당하는 한자를 쓰세요.

4 사다리를 타고 내려가 한자와 바르게 이어진 뜻과 음(소리)를 모두 찾아 ○표 하세요.

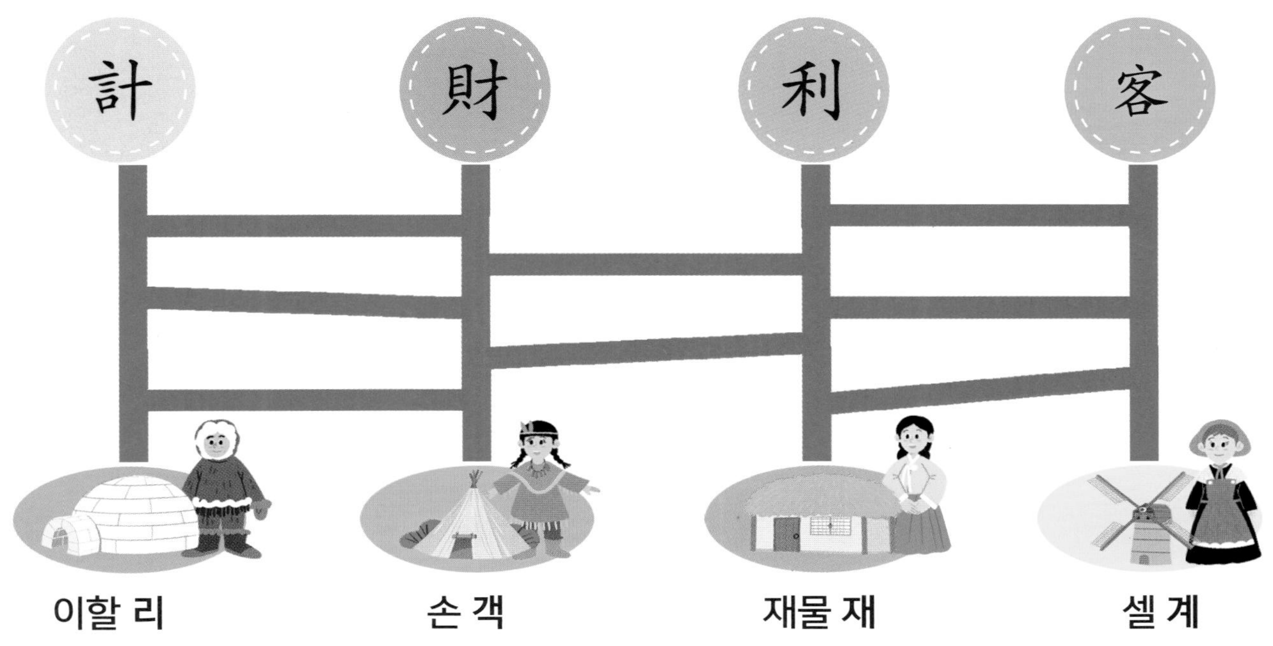

1 다음 한자 카드에 들어갈 뜻과 음(소리)을 쓰세요.

2 다음 한자의 뜻과 음(소리)으로 알맞은 것을 찾아 ○표 하세요.

3 다음 음(소리)에 해당하는 한자를 찾아 ∨표 하세요.

4 다음 밑줄 친 낱말에 해당하는 한자를 찾아 ◯표 하세요.

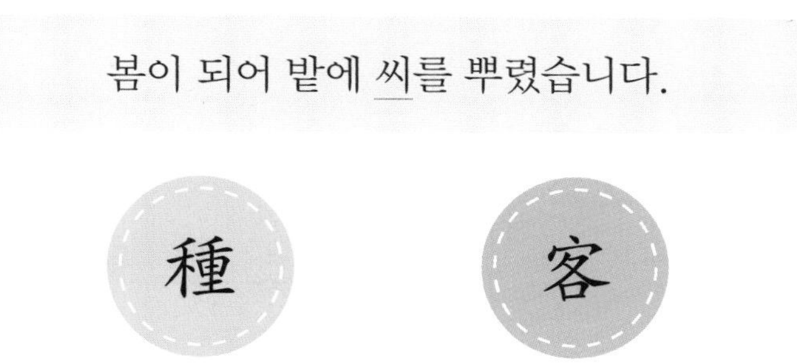

5 다음 문장의 내용이 맞으면 '예', 틀리면 '아니요'에 ◯표 하세요.

예 아니요

6 다음 한자의 뜻과 음(소리)을 쓰세요.

급수 한자어 대표 전략 ❶

대표 한자어 01

상 인

商	人
장사 상	사람 인

뜻 장사를 직업으로 하는 사람.

대표 한자어 02

서 점

書	店
글 서	가게 점

뜻 책을 팔거나 사는 가게.

대표 한자어 03

가 격

價	格
값 가	격식 격

뜻 물건의 가치를 화폐 단위로 나타낸 것.

물 가

物	價
물건 물	값 가

뜻 여러 가지 상품 가격의 평균.

대표 한자어 | 04

합 격

뜻 시험을 통해 자격이나 지위를 얻음.

예전에는 合格(합격)한 사람의 명단을 게시판에 붙였었다고 해!

대표 한자어 | 05

광 고

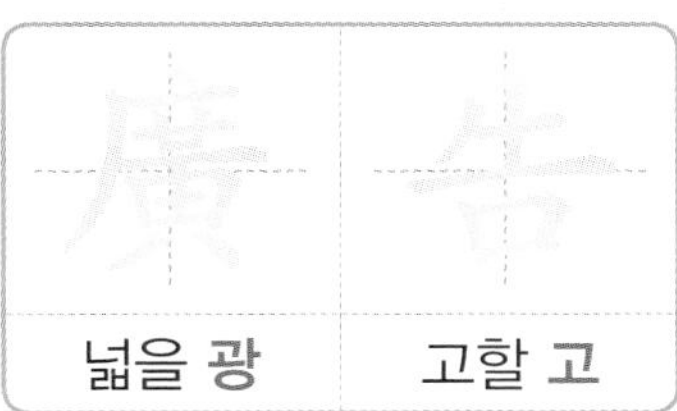

뜻 세상에 널리 알림. 또는 그런 일.

광 장

뜻 많은 사람이 모일 수 있게 만들어 놓은 넓은 터.

플리 마켓이 열렸다고 廣告(광고)하는 소리가 들리네!

그래서 사람들이 廣場(광장)에 모인 건가 봐.

급수 한자어 대표 전략 ❶

대표 한자어 | 06

상품 商品

장사 상 | 물건 품

뜻 시장이나 가게에서 사고파는 물품.

대표 한자어 | 07

도구 道具

길 도 | 갖출 구

뜻 일할 때 쓰는 연장.

대표 한자어 | 08

각종 各種

각각 각 | 씨 종

뜻 온갖 종류. 또는 여러 종류.

대표 한자어 | 09

필기 筆記

붓 필 | 기록할 기

뜻 글씨를 씀. 또는 내용을 받아 적음.

항상 널 응원해!

대표 한자어 | 10 |

관객

觀	客
볼 관	손 객

뜻 운동 경기, 공연, 영화 따위를 보거나 듣는 사람.

대표 한자어 | 11 |

문구

文	具
글월 문	갖출 구

뜻 공부하는 데 필요한 연필·공책·지우개 따위.

대표 한자어 | 12 |

문화재

文	化	財
글월 문	될 화	재물 재

뜻 문화적 가치가 두드러져 법으로 보호받고 있는 나라의 유물.

급수 한자어 대표 전략 ❷

1 다음 문장의 내용이 맞으면 '예', 틀리면 '아니요'에 ◯표 하세요.

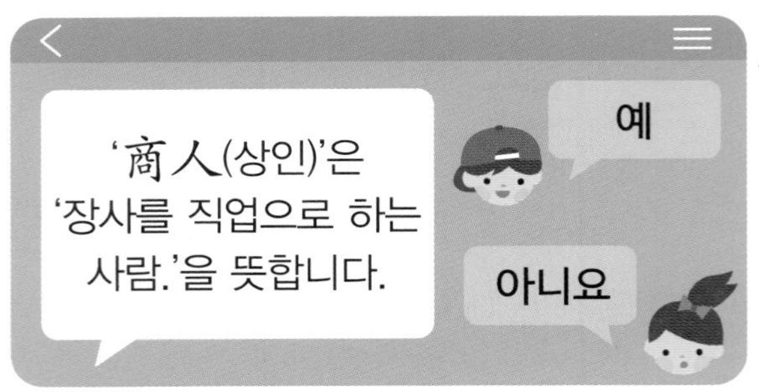

Tip
'商'은 (장사, 격식)을/를 뜻하는 한자입니다.

답 장사

2 다음 뜻에 해당하는 한자어를 찾아 ∨표 하세요.

책을 팔거나 사는 가게.

☐ 合格

☐ 書店

Tip
'店'은 '가게'를 뜻하고, ☐(이)라고 읽습니다.

답 점

3 다음 한자어의 뜻으로 알맞은 것을 찾아 선으로 이으세요.

道具 • • 공부하는 데 필요한 연필·공책·지우개 따위.

文具 • • 일할 때 쓰는 연장.

Tip
두 한자어에 공통으로 들어가는 '具'는 ☐을/를 뜻하는 한자입니다.

답 갖추다

4 다음 설명에 해당하는 한자어를 찾아 ◯표 하세요.

설명
물건의 가치를 화폐 단위로 나타낸 것.

廣場

價格

Tip
'물건의 가치를 화폐 단위로 나타낸 것.'이란 뜻의 낱말은 ☐입니다.

답 가격

▶정답 11쪽

5 다음 뜻에 해당하는 한자어를 찾아 ◯표 하세요.

廣告　　廣場

Tip

'廣'은 [　　] 을/를 뜻하고, '광'이라고 읽습니다.

답 넓다

6 '觀客'의 뜻을 바르게 설명한 것에 ◯표 하세요.

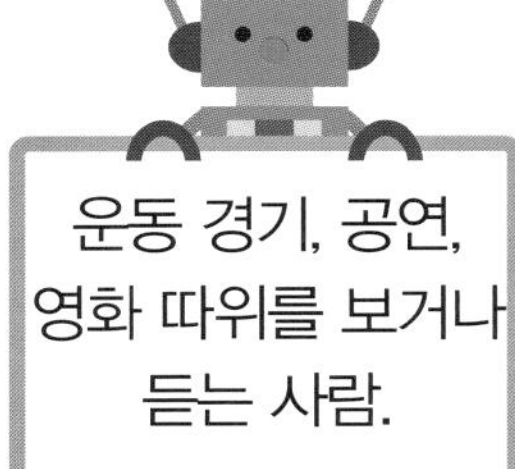

운동 경기, 공연, 영화 따위를 보거나 듣는 사람.

눈으로 보고 귀로 듣는 일.

Tip

'客'은 [　　] 을/를 뜻하는 한자입니다.

답 손(손님)

7 다음 낱말 퍼즐을 푸세요.

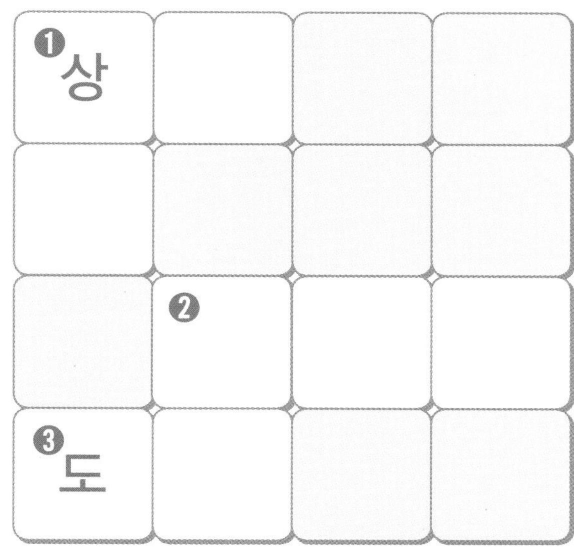

가로 열쇠

❶ 장사를 직업으로 하는 사람.
❷ 문화적 가치가 두드러져 법으로 보호받고 있는 나라의 유물.
❸ 일할 때 쓰는 연장.

세로 열쇠

❶ 시장이나 가게에서 사고파는 물품.
❷ 공부하는 데 필요한 연필·공책·지우개 따위.

Tip

'商人'과 '商品'에 공통으로 '商'은 [　　] 을/를 뜻하는 한자입니다.

답 장사

1주 04일 급수시험 체크 전략 ❶

전략 1 한자어의 음(소리) 쓰기

다음 밑줄 친 漢字語한자어의 音(음: 소리)을 쓰세요.

보기
所望 → 소망

• 공연이 끝나고 觀客으로부터 큰 박수를 받았습니다. → (　　　　)

답 관객

필수 예제 01

다음 밑줄 친 漢字語한자어의 音(음: 소리)을 쓰세요.

보기
信念 → 신념

(1) 엄마와 書店에서 만나기로 약속하였습니다.
→ (　　　　)

(2) 시청 앞 廣場에 사람들이 모여 노래를 불렀습니다.
→ (　　　　)

(3) 우리 가게에서는 여러 가지 商品을 팔고 있습니다.
→ (　　　　)

(4) 직지는 자랑스러운 우리의 文化財입니다.
→ (　　　　)

문장을 읽으며
한자어의 음(소리)이
무엇일지 생각해 봅니다.

▶정답 11쪽

전략 2 한자의 뜻과 음(소리) 쓰기

다음 漢字한자의 訓(훈: 뜻)과 音(음: 소리)을 쓰세요.

보기

實 → 열매 **실**

- 格 → (　　　　　　)

답 격식 격

필수 예제 02

다음 漢字한자의 訓(훈: 뜻)과 音(음: 소리)을 쓰세요.

보기

念 → 생각 **념**

(1) 商 → (　　　　　　)

(2) 價 → (　　　　　　)

(3) 種 → (　　　　　　)

(4) 財 → (　　　　　　)

한자의 뜻과 음(소리)은
반드시 함께 알아 두어야
합니다.

전략 3 제시된 뜻에 맞는 한자어 찾기

다음 뜻에 맞는 漢字語한자어를 보기 에서 찾아 그 번호를 쓰세요.

보기

① 廣場 ② 書店 ③ 商人 ④ 各種

- 책을 팔거나 사는 가게. ➔ (   )

답 ②

필수 예제 03

다음 뜻에 맞는 漢字語한자어를 보기 에서 찾아 그 번호를 쓰세요.

보기

① 筆記 ② 廣告 ③ 觀客 ④ 商品

(1) 세상에 널리 알림. 또는 그런 일. ➔ (   )

(2) 시장이나 가게에서 사고파는 물품. ➔ (   )

(3) 글씨를 씀. 또는 내용을 받아 적음. ➔ (   )

(4) 운동 경기, 공연, 영화 따위를 보거나 듣는 사람. ➔ (   )

한자어가 생각나지 않을 때는 한자의 뜻을 조합하여 문제를 풀어 봅시다.

▶정답 11쪽

전략 4 뜻과 음(소리)에 맞는 한자 쓰기

다음 訓(훈: 뜻)과 音(음: 소리)에 맞는 漢字한자를 쓰세요.

보기

읽을 독 → 讀

• 길 도 → (　　　　　)

답 道

필수 예제 04

다음 訓(훈: 뜻)과 音(음: 소리)에 맞는 漢字한자를 쓰세요.

보기

예 고 → 古

(1) 이할 리 → (　　　　　)

(2) 각각 각 → (　　　　　)

(3) 글월 문 → (　　　　　)

(4) 물건 물 → (　　　　　)

한자의 뜻과 음(소리)을
정확하게 구분하여
알아 두어야 합니다.
예 一 한 일
뜻 음(소리)

급수 시험 체크 전략 ❷

[한자어의 음(소리) 쓰기]

1 다음 밑줄 친 漢字語한자어의 音(음: 소리)을 쓰세요.

옷을 사려고 價格을 확인해 보았습니다.

→ (   )

Tip
'價格'은 '물건의 가치를 화폐 단위로 나타낸 것.'을 뜻하는 한자어입니다.

[한자어의 음(소리) 쓰기]

2 다음 밑줄 친 漢字語한자어의 音(음: 소리)을 쓰세요.

내 취미는 文具를 모으는 것입니다.

→ (   )

Tip
'文具'는 '공부하는 데 필요한 연필·공책·지우개 따위.'를 뜻하는 한자어입니다.

[한자의 뜻과 음(소리) 쓰기]

3 다음 漢字한자의 訓(훈: 뜻)과 音(음: 소리)을 쓰세요.

보기
練 → 익힐 **련**

• 廣 → (   )

Tip
'廣'은 '넓다'를 뜻하고, '광'이라고 읽습니다.

[뜻과 음(소리)에 맞는 한자 쓰기]

4 다음 訓(훈: 뜻)과 音(음: 소리)에 맞는 한자를 쓰세요.

• 길 도 → (   )

Tip
'道'는 '길'을 뜻하고, '도'라고 읽습니다.

▶정답 11쪽

[제시된 한자어와 뜻에 맞는 동음어 찾기]

5 다음 제시한 漢字語한자어와 뜻에 맞는 同音語동음어를 보기 에서 찾아 그 번호를 쓰세요.

보기

① 商品　② 物品　③ 價格　④ 物價

• 上品-(　　): 시장이나 가게에서 사고파는 물품.

➔ (　　　　　　)

Tip
'商'은 '장사'를 뜻하는 한자입니다.

[한자의 약자 쓰기]

6 다음 漢字한자의 약자(略字: 획수를 줄인 漢字)를 쓰세요.

• 廣 ➔ (　　　　　　)

Tip
약자는 본 글자와 그 모양이 어떻게 다른지 살펴서 익혀야 합니다.

[제시된 뜻에 맞는 한자어 찾기]

7 다음 뜻에 해당하는 漢字語한자어를 보기 에서 찾아 그 번호를 쓰세요.

보기

① 商人　② 文具　③ 廣告　④ 道具

• 세상에 널리 알림. 또는 그런 일. ➔ (　　　　　　)

Tip
'廣'은 '넓다'를 뜻하고, '告'는 '고하다(알리다)'를 뜻합니다.

[빈칸에 들어갈 한자 찾기]

8 다음 四字成語사자성어의 (　　) 속에 알맞은 漢字한자를 보기 에서 찾아 그 번호를 쓰세요.

보기

① 道　② 計　③ 店　④ 告

• 百年大(　　): 먼 앞날까지 미리 내다보고 세우는 크고 중요한 계획. ➔ (　　　　　　)

Tip
'計'는 수를 '세다, 계산하다'를 뜻하고, '어떤 일을 꾀하거나 계획하다.'라는 뜻으로도 쓰입니다.

1주 누구나 만점 전략

맞은 개수 개

01 다음 사진과 관련이 있는 한자를 찾아 선으로 이으세요.

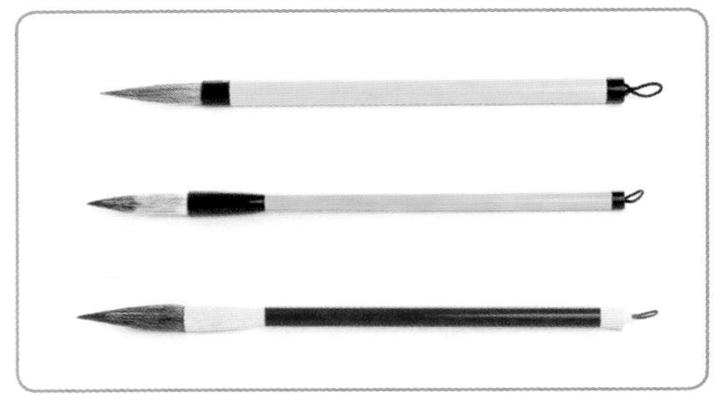

開 筆

02 다음 한자의 뜻과 음(소리)으로 알맞은 것을 찾아 선으로 이으세요.

(1) 商 •	• 넓다 •	• 종
(2) 廣 •	• 장사 •	• 광
(3) 種 •	• 씨 •	• 상

03 다음 밑줄 친 한자어의 음(소리)을 쓰세요.

청소 <u>道具</u>를 정리해야 합니다.

→ (　　　　　)

04 다음 한자의 뜻과 음(소리)을 쓰세요.

보기
告 → 고할 고

(1) 店 → (　　　　　)

(2) 具 → (　　　　　)

05 다음 한자와 뜻이 비슷한 한자를 보기에서 찾아 그 번호를 쓰세요.

보기
① 格　② 計　③ 客

• 算 → (　　　　　)

▶정답 11쪽

06 다음 설명 에 해당하는 한자어를 찾아 ○표 하세요.

설명

운동 경기, 공연, 영화 따위를 보거나 듣는 사람.

道具　　觀客

07 다음 한자의 뜻과 음(소리)을 보기 에서 찾아 그 번호를 쓰세요.

보기

① 붓 필　② 씨 종　③ 재물 재

(1) 財 ➔ (　　　　)

(2) 種 ➔ (　　　　)

08 다음 한자어의 음(소리)을 쓰세요.

보기

法典 ➔ 법전

(1) 書店 ➔ (　　　　)

(2) 文具 ➔ (　　　　)

09 다음 밑줄 친 낱말에 해당하는 한자어를 보기 에서 찾아 그 번호를 쓰세요.

보기

① 商品　② 物價　③ 各種

• 마트에서는 각종 물건을 볼 수 있습니다. ➔ (　　　　)

10 다음 뜻과 음(소리)에 해당하는 한자를 보기 에서 찾아 그 번호를 쓰세요.

보기

① 種　② 開　③ 格

(1) 열 개 ➔ (　　　　)

(2) 격식 격 ➔ (　　　　)

창의·융합·코딩 전략 ❶

하람아~, 노올자.

?

수공업

수공업은 무슨 말일까?

간단한 도구와 손으로 商品을 만드는 일을 뜻하는 말이야.

역시 똑똑한 하람이야!

뿅

商品을 만들 정도로 솜씨가 좋아야 하겠구나.

우리도 商品을 한번 만들어 볼까?

어떤 물건을 만들어야 할까?

나도 뭘 만들어야 할지 고민이 되네.

우리 셋 다 블록을 좋아하니까 블록으로 열쇠고리를 만들면 되겠다!

딩동댕

창의 융합

1 위 대화를 읽고, '시장이나 가게에서 사고파는 물품.'을 뜻하는 한자어를 쓰세요.

답

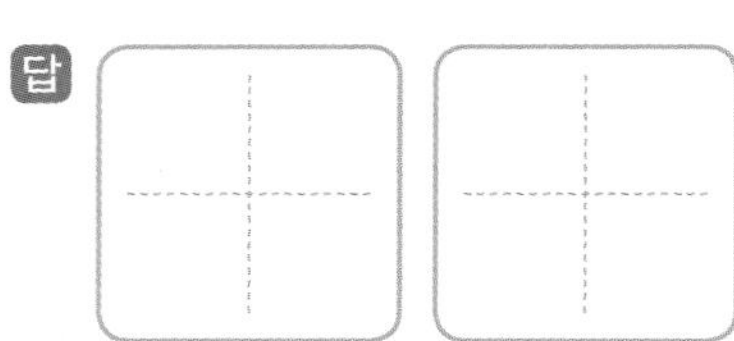

▶정답 12쪽

창의 융합

2 위 대화를 읽고, 다음 ☐ 안에 들어갈 낱말을 한글로 쓰세요.

디딜방아는 발로 디디어 곡식을 찧거나 빻는 ☐☐ 입니다.

창의·융합·코딩 전략 ❷

코딩

1 주머니에 다양한 한자 블록이 있습니다. 순서도에 따라 만들어지는 한자는 무엇인지 쓰세요.

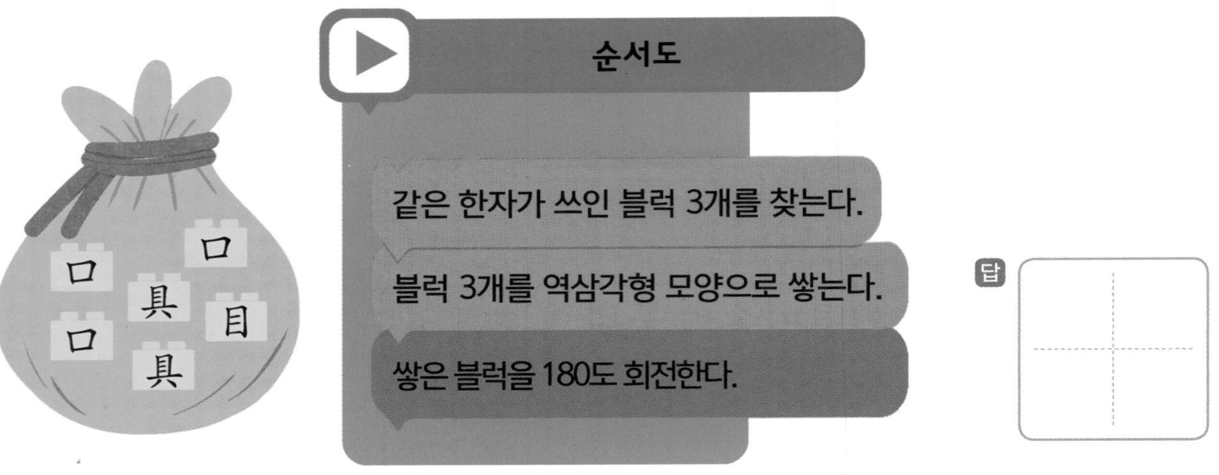

창의 융합

2 다음 밑줄 친 낱말에 해당하는 한자어를 보기에서 찾아 쓰세요.

보기

家族

對話

廣告

▶정답 12쪽

코딩

3 규칙 에 따라 미로를 탈출하며 만난 숫자에 ○표 하고, 도착한 한자어의 음(소리)을 쓰세요.

규칙

100만큼 뛰어서 세는 규칙

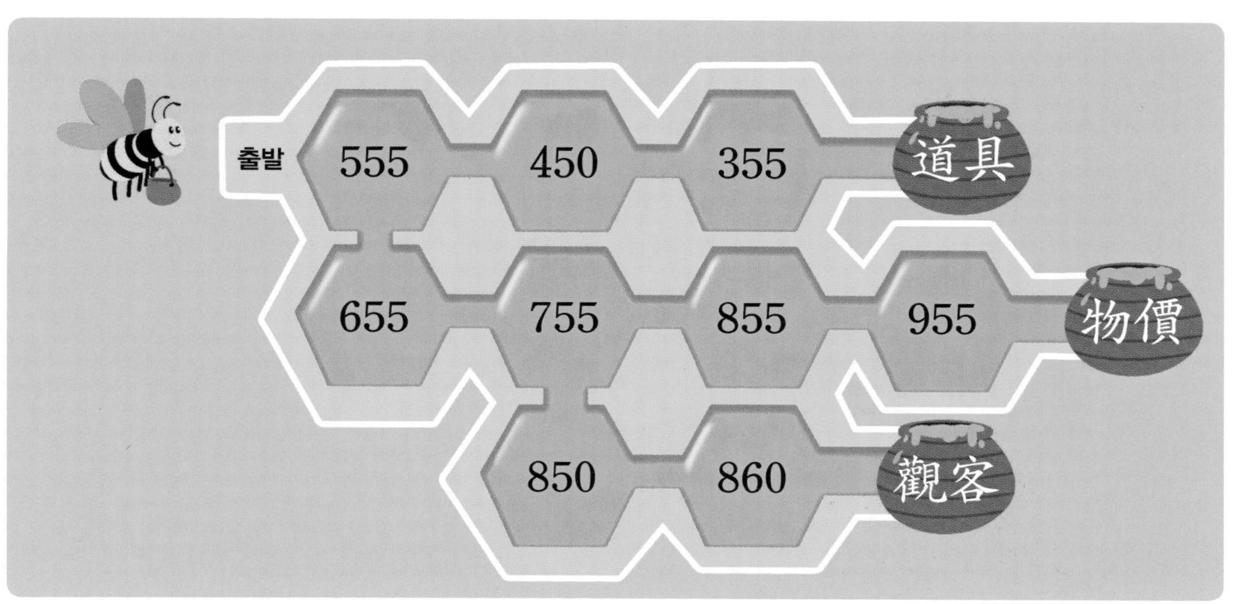

• 한자어의 음(소리) ➜ (   )

창의 융합

4 다음 글을 읽고, □ 안에 들어갈 한자어를 보기 에서 찾아 그 번호를 쓰세요.

➜ (   )

보기

① 合格　　② 各種　　③ 商人　　④ 廣告

□□은/는 '온갖 종류. 또는 여러 종류.'를 뜻하는 한자어입니다. 한자 '각각 각'과 '씨 종'이 결합되어 만들어진 한자어로, 뜻이 비슷한 말로는 '각가지'라는 말이 있습니다.

창의·융합·코딩 전략 ❷

창의 융합

5 다음 그림 속 모습과 어울리는 한자를 보기에서 찾아 그 번호를 쓰세요.

보기

① 商 ② 客 ③ 價 ④ 品

창의 융합

6 민철이가 가려고 하는 곳을 지도에서 찾아 ○표 하세요.

▶정답 12쪽

코딩

7 다음 순서도에 따라 출력된 한자가 적힌 인형을 찾아 ○표 하세요.

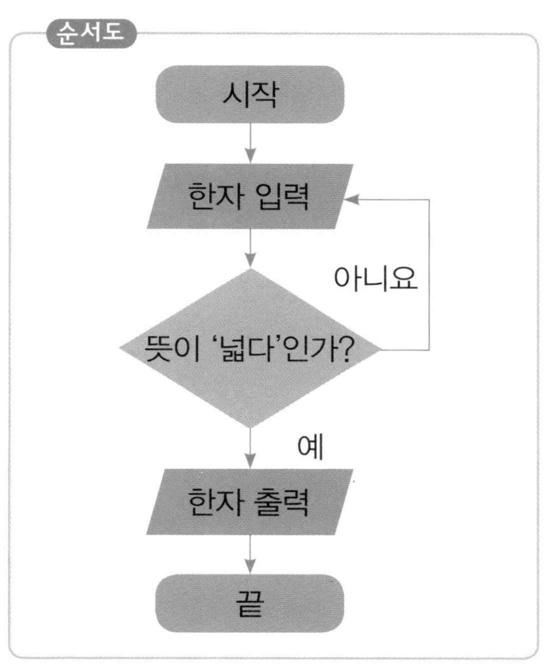

창의 융합

8 다음 질문의 답을 순서대로 연결하여 휴대폰의 잠금 화면을 풀어 보세요.

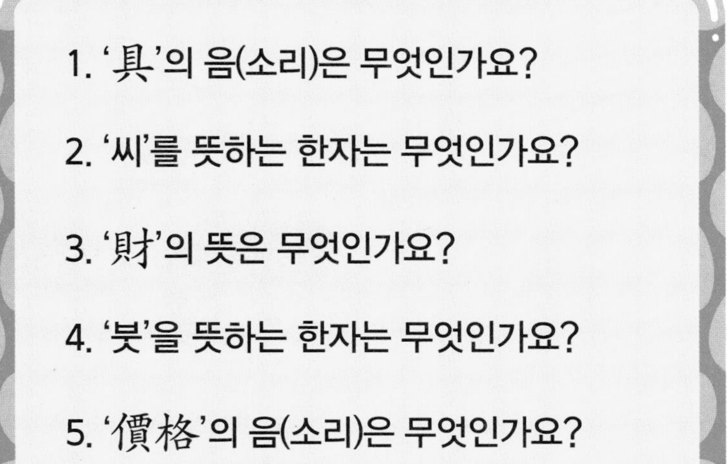

유통 한자

부기야,
이게 다 선물인가 봐.

선물이 집[宅]에
오니까 기분이 좋아.
선물들을 잘 구분해[區]
놓아야겠다.
어디 보자.

그런데 어떻게
많은 선물들이 금방
도착할 수 있었을까?
그건 택(宅)배를
하시는 분들이 물건을
열심히 배달해 주신
덕분이지.

상자에 날개가
달려 있으면 좋겠다.
알아서 날아오면
되잖아.
그럼
상자가 바다[海]도
가고 우주에도 갈
수 있겠네!
찌릿

학습할 한자

❶ 流 흐를 **류** ❷ 通 통할 **통** ❸ 週 주일 **주** ❹ 順 순할 **순** ❺ 節 마디 **절** ❻ 以 써 **이**
❼ 區 구분할/지경 **구** ❽ 級 등급 **급** ❾ 基 터 **기** ❿ 宅 집 **택** ⓫ 州 고을 **주**
⓬ 陸 뭍 **륙** ⓭ 地 땅 **지** ⓮ 海 바다 **해** ⓯ 洋 큰바다 **양** ⓰ 朗 밝을 **랑**

연하게 쓰인 한자를 따라 써 보세요.

쓰는 순서에 맞게 한자를 바르게 쓰세요.

한자 1 부수 水(氵) | 총 10획

流 흐를 류

깃발이 아래로 드리워져 있는 모습이 마치 물이 흐르는 모양과 같다는 의미에서 [　　　]을/를 뜻해요.

답 흐르다

流 흐를 류 流 흐를 류

쓰는 순서 丶 丶 氵 氵 氵 浐 浐 浐 流 流

한자 2 부수 辵(辶) | 총 11획

通 통할 통

고리가 있는 종을 표현한 한자로 속이 텅 빈 종처럼 길이 뻥 뚫려 있다는 데서 [　　　]을/를 뜻해요.

답 통하다

通 통할 통 通 통할 통

쓰는 순서 ㄱ ㄱ 乛 丙 丙 肖 甬 甬 涌 诵 通

한자 3 부수 辵(辶) | 총 12획

週 주일 주

일정한 축을 중심으로 돈다는 의미에서 [　　　] 또는 '돌다'를 뜻해요.

답 주일(주)

週 주일 주 週 주일 주

쓰는 순서 丿 冂 月 用 用 用 周 周 周 凋 凋 週

한자 4 부수 頁 | 총 12획

順 순할 순

사람이 까다롭지 않고 물 흐르듯이 순응하며 잘 따른다는 의미에서 [　　　]을/를 뜻해요.

답 순하다

順 순할 순 順 순할 순

쓰는 순서 丿 川 川 川 川 川 川 顺 顺 順 順 順

한자 기초 확인

▶정답 12쪽

1 다음 한자의 뜻과 음(소리)으로 알맞은 것을 찾아 선으로 이으세요.

2 다음 한자의 뜻과 음(소리)으로 알맞은 것을 찾아 ◯표 하세요.

연하게 쓰인 한자를 따라 써 보세요.

쓰는 순서에 맞게 한자를 바르게 쓰세요.

한자 5 부수 竹(⺮) | 총 15획

節 마디 절

대나무의 마디를 나타내는 한자로 [ ] 을/를 뜻해요.

답 마디

節 마디 절 / 節 마디 절

쓰는 순서: 丿 𠂉 𥫗 ... 節

한자 6 부수 人 | 총 5획

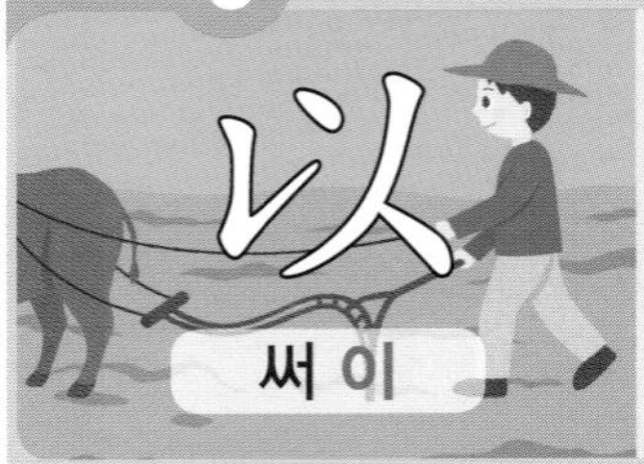

以 써 이

쟁기로 밭을 가는 모습에서 [ ] (이)라는 뜻이 생겼어요.

답 써(~로써)

以 써 이 / 以 써 이

쓰는 순서: 丨 𠄌 ... 以

한자 7 부수 匚 | 총 11획

區 구분할/지경 구

그릇이 가지런히 나뉘어 있는 모습에서 [ ] (이)라는 뜻을 가지게 되었어요.

답 구분하다

區 구분할/지경 구 / 區 구분할/지경 구

쓰는 순서: 一 匚 ... 區 약자 区

한자 8 부수 糸 | 총 10획

級 등급 급

사람이 계단을 오르는 모습을 나타낸 한자로 [ ] 이나 '차례'를 뜻해요.

답 등급

級 등급 급 / 級 등급 급

쓰는 순서: 幺 ... 級

뜻이 비슷한 한자 等(무리 등)

한자 기초 확인

▶정답 12쪽

3 다음 한자와 한자의 뜻과 음(소리)을 선으로 이으세요.

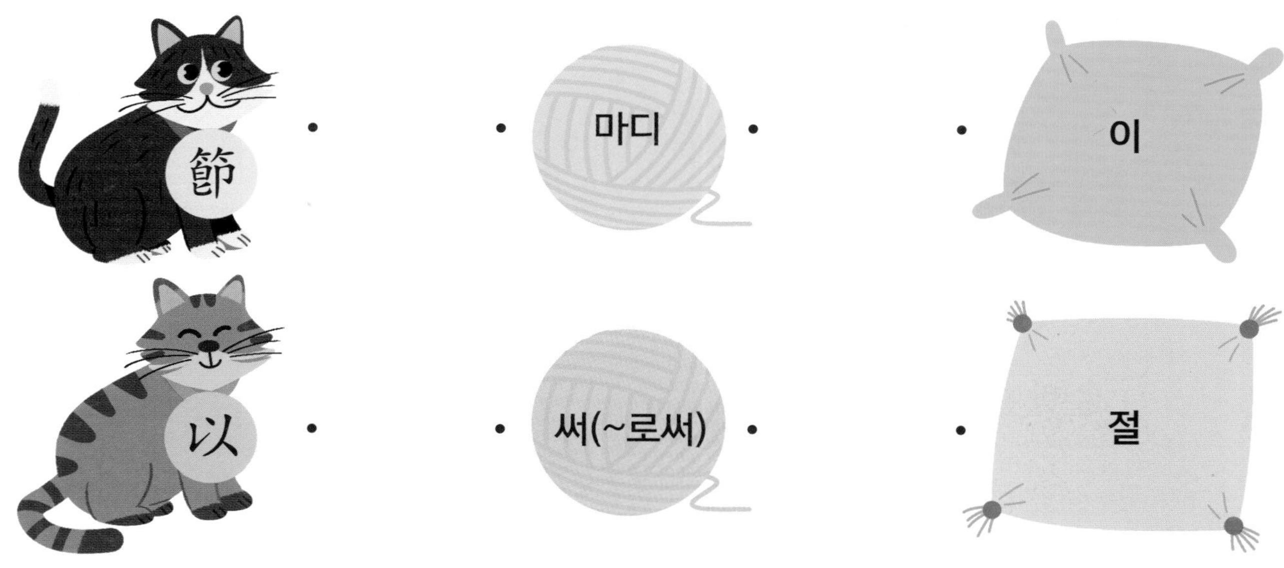

4 다음 뜻과 음(소리)에 해당하는 한자를 쓰세요.

1 다음 한자의 뜻과 음(소리)으로 알맞은 것을 찾아 선으로 이으세요.

2 다음 한자의 뜻과 음(소리)으로 알맞은 것을 찾아 ∨표 하세요.

3 다음 뜻과 음(소리)에 해당하는 한자를 찾아 ○표 하세요.

▶정답 13쪽

4 다음 문장의 내용이 맞으면 '예', '틀리면 '아니요'에 ○표 하세요.

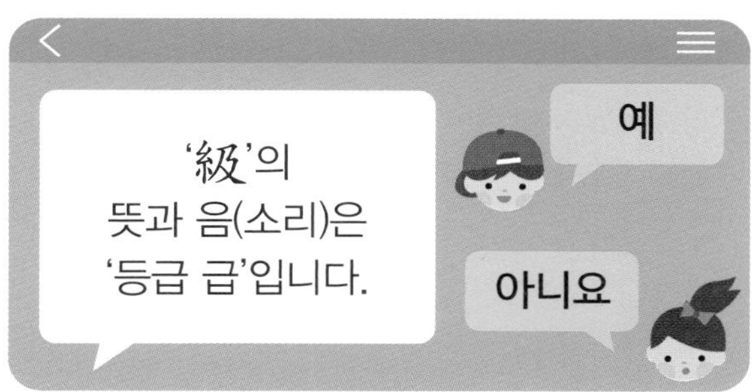

5 다음 밑줄 친 말에 해당하는 한자를 찾아 ○표 하세요.

6 다음 한자 카드에 들어갈 뜻과 음(소리)을 쓰세요.

연하게 쓰인 한자를 따라 써 보세요.

쓰는 순서에 맞게 한자를 바르게 쓰세요.

한자 1 부수 土 | 총 11획

基 터 기

벼나 곡식의 껍데기를 거르는 키로 건물을 짓기 위해 먼저 땅을 다지는 모습에서 ( )을/를 뜻하게 되었어요.

답 터

基 터 기 基 터 기

쓰는 순서 一 十 廾 廾 廿 甘 甘 其 其 其 基

한자 2 부수 宀 | 총 6획

宅 집 택

집안에 초목이 뿌리를 내리고 있는 듯한 모습으로 살아갈 터전에 자리를 잡았다는 의미에서 ( )을/를 뜻해요.

답 집

宅 집 택 宅 집 택

쓰는 순서 丶 丶 宀 宀 宅 宅

한자 3 부수 川(巛) | 총 6획

州 고을 주

하천 중간에 쌓인 모래톱을 표현한 한자로 물가 주변으로 사람들이 모여 산다고 하여 ( )을/를 뜻하게 되었어요.

답 고을

州 고을 주 州 고을 주

쓰는 순서 丶 丿 丿 州 州 州

한자 4 부수 阜(阝) | 총 11획

陸 뭍 륙

흙, 산과 같이 육지의 다양한 지형을 그려 넣은 한자로 ( )을/를 뜻해요.

답 뭍

陸 뭍 륙 陸 뭍 륙

쓰는 순서 ㇇ 阝 阝 阝 阝 阝 阝 陸 陸 陸 陸

뜻이 반대인 한자 海(바다 해)

한자 기초 확인

▶정답 13쪽

1 다음 질문에 답하며 미로를 탈출하세요.

2 다음 뜻과 음(소리)에 해당하는 한자를 쓰세요.

연하게 쓰인 한자를 따라 써 보세요.

쓰는 순서에 맞게 한자를 바르게 쓰세요.

한자 5 부수 土 | 총 6획

地 땅 지

꾸불꾸불하게 이어진 땅의 모양을 나타낸 한자로 ( )을/를 뜻해요.

답 땅

地 땅 지 / 地 땅 지

쓰는 순서 一 十 土 圵 坤 地

뜻이 반대인 한자 天(하늘 천)

한자 6 부수 水(氵) | 총 10획

海 바다 해

파도가 치는 거센 물을 나타내는 것으로 크고 넓은 ( )을/를 뜻해요.

답 바다

海 바다 해 / 海 바다 해

쓰는 순서 丶 丶 氵 氵 氵 汇 海 海 海 海

모양이 비슷한 한자 母(어머니 모), 每(매양 매) 뜻이 반대인 한자 陸(뭍 륙)

한자 7 부수 水(氵) | 총 9획

洋 큰바다 양

거대한 양의 무리와 같이 크고 넓은 바다를 표현한 한자로 ( )을/를 뜻해요.

답 큰 바다

洋 큰바다 양 / 洋 큰바다 양

쓰는 순서 丶 丶 氵 氵 氵 氵 洋 洋 洋

한자 8 부수 月 | 총 11획

朗 밝을 랑

아름답고 밝은 달을 의미하는 데서 ( )을/를 뜻하게 되었어요.

답 밝다

朗 밝을 랑 / 朗 밝을 랑

쓰는 순서 丶 ㇇ ㇇ ㇇ 自 自 良 朗 朗 朗 朗

뜻이 비슷한 한자 明(밝을 명)

▶정답 13쪽

3 다음 뜻과 음(소리)에 해당하는 한자를 쓰세요.

4 다음 퀴즈의 정답을 쓴 학생을 찾아 ○표 하세요.

1 다음 한자의 뜻과 음(소리)으로 알맞은 것을 찾아 선으로 이으세요.

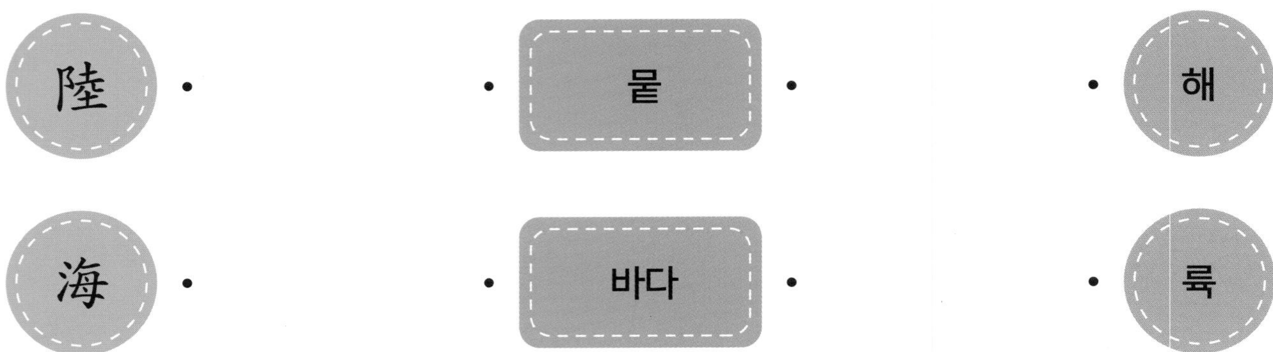

2 사다리를 타고 내려가 한자와 바르게 이어진 뜻과 음(소리)에 ○표 하세요.

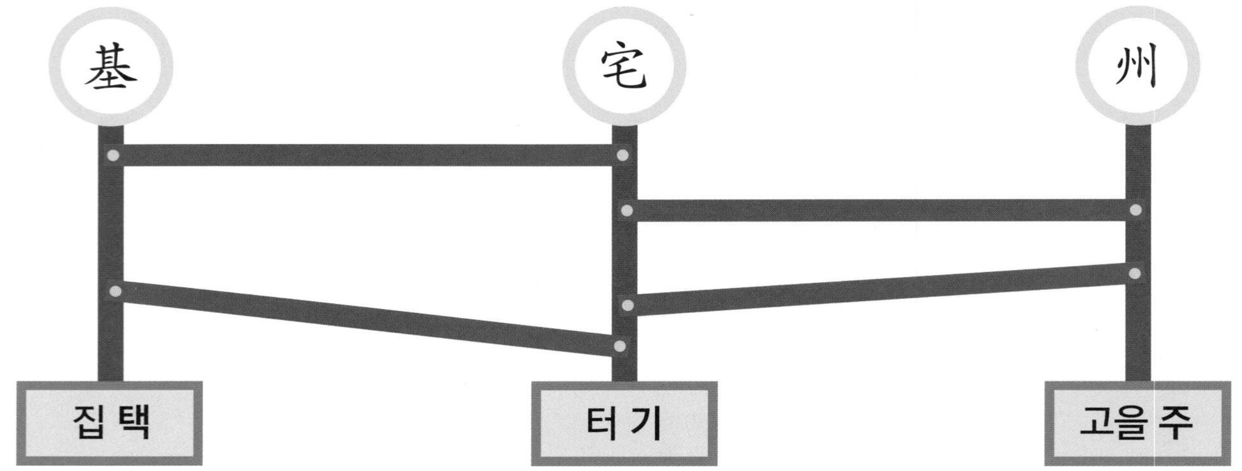

3 다음 음(소리)에 해당하는 한자를 찾아 ∨표 하세요.

▶정답 14쪽

4 다음 한자의 뜻과 음(소리)을 쓰세요.

5 다음 문장의 내용이 맞으면 '예', 틀리면 '아니요'에 ○표 하세요.

6 다음 밑줄 친 낱말에 해당하는 한자를 찾아 ○표 하세요.

우리나라는 삼면이 바다로 둘러싸여 있습니다.

급수 한자어 대표 전략 ❶

대표 한자어 01

참고 '流'가 낱말의 맨 앞에 올 때는 '유'라고 읽어요.

대표 한자어 02

대표 한자어 03

대표 한자어 04

참고 '禮'가 낱말의 맨 앞에 올 때는 '예'라고 읽어요.

대표 한자어 | 05 |

고급

高	級
높을 고	등급 급

뜻 품질이나 서비스가 뛰어남.

대표 한자어 | 06 |

이후

以	後
써 이	뒤 후

뜻 어떤 때로부터 뒤.

대표 한자어 | 07 |

특구

特	區
특별할 특	구분할/지경 구

뜻 특별히 구분한 지역.

대표 한자어 08

기본 基本

터 기 | 근본 본

뜻 어떤 일이나 사물의 밑바탕이 되는 것.

대표 한자어 09

주택 住宅

살 주 | 집 택

뜻 사람이 들어가 살 수 있게 지은 집.

대표 한자어 10

주립 州立

고을 주 | 설 립

뜻 공공기관인 주(州)에서 세워 관리하는 건물이나 장소.

대표 한자어 11

육로 陸路

뭍 륙 | 길 로

뜻 육지에 만든 길.

참고 '陸'이 낱말의 맨 앞에 올 때는 '육'이라고 읽어요.

대표 한자어 12

뜻 우리가 살고 있는 행성.

대표 한자어 13

뜻 넓고 큰 바다.

대표 한자어 14

낭독 朗 讀

밝을 랑 | 읽을 독

뜻 글을 소리내어 읽음.

명랑 明 朗

밝을 명 | 밝을 랑

뜻 유쾌하고 활발함.

참고 '郞'이 낱말의 맨 앞에 올 때는 '낭'이라고 읽어요.

1 다음 밑줄 친 한자어의 음(소리)으로 알맞은 것을 찾아 ◯표 하세요.

시장에서는 상품의 流通이
활발합니다.

유통 생산

Tip
'流'는 [ ] 을/를 뜻하고, '류' 또는 '유'라고 읽습니다.

답 흐르다

2 다음 밑줄 친 낱말에 해당하는 한자어를 찾아 ◯표 하세요.

대형 마트가 들어온 이후부터
전통시장을 찾는 이들이 줄었습니다.
(以後 / 場所)

Tip
[ ] 은/는 '어느 때로부터 뒤.'를 뜻하는 한자어입니다.

답 以後

3 다음 뜻에 해당하는 한자어를 찾아 선으로 이으세요.

이번 주일. • • 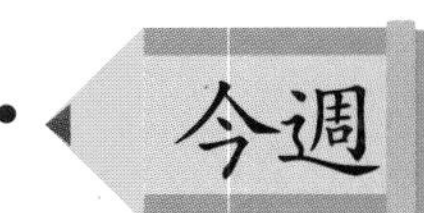

육지에 만든 길. • • 今週

Tip
'陸'이 낱말의 맨 앞에 올 때는 [ ] (이)라고 읽습니다.

답 육

4 다음 설명 에 해당하는 한자어를 찾아 ◯표 하세요.

설명
사람이 지켜야 할 바른 말씨와 몸가짐.

基本 禮節

Tip
'禮節'은 [ ] (이)라고 읽습니다.

답 예절

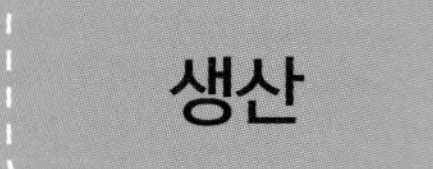

▶정답 14쪽

5 다음 뜻에 해당하는 한자어를 보기 에서 찾아 그 번호를 쓰세요.

보기
① 明朗 ② 朗讀

• 글을 소리내어 읽음.

➜ ( )

Tip
'朗'은 [ ] 을/를 뜻하고, '랑' 또는 '낭'으로 읽습니다.

답 밝다

6 '住宅'의 뜻을 바르게 설명한 것에 ○표 하세요.

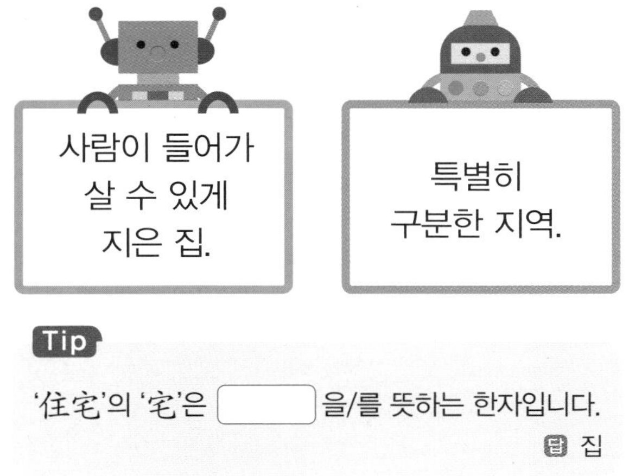

Tip
'住宅'의 '宅'은 [ ] 을/를 뜻하는 한자입니다.

답 집

7 다음 한자어와 뜻을 바르게 선으로 이으세요.

한자어	뜻
特區 •	• 특별히 지정한 구역.
地球 •	• 우리가 사는 행성.
州立 •	• 사람이 들어가 살 수 있게 지은 집.
住宅 •	• 공공기관인 주(州)에서 세워 관리하는 건물이나 장소.

Tip
'州立'의 '州'는 [ ] 을/를 뜻하는 한자로, 행정구역을 구분할 때 쓰입니다.

답 고을

전략 1 한자어의 음(소리) 쓰기

다음 밑줄 친 漢字語한자어의 音(음: 소리)을 쓰세요.

보기

商品 → 상품

• 지난주에 주문한 가방이 <u>今週</u>에 도착했습니다. → (　　　　)

답 금주

필수 예제 01

다음 밑줄 친 漢字語한자어의 音(음: 소리)을 쓰세요.

보기

書店 → 서점

(1) 상품이 생산자에서 소비자에게 옮겨 가는 것을 <u>流通</u>이라고 합니다.
→ (　　　　)

(2) 유정이는 <u>禮節</u> 바른 학생으로 칭찬이 자자합니다.
→ (　　　　)

(3) 숙제를 끝낸 <u>以後</u>에 친구와 공원에서 만나기로 약속하였습니다.
→ (　　　　)

(4) 은찬이가 살고 있는 <u>住宅</u>은 언덕 위에 있습니다.
→ (　　　　)

낱말의 맨 앞에 올 때 음(소리)이 변하는 한자에 주의하여야 합니다.
예 女子: 녀자(×), 여자 (○)

▶정답 14쪽

전략 2 한자의 뜻과 음(소리) 쓰기

다음 漢字한자의 訓(훈: 뜻)과 音(음: 소리)을 쓰세요.

보기

種 ➜ 씨 **종**

- 節 ➜ (   )

답 마디 절

필수 예제 02

다음 漢字한자의 訓(훈: 뜻)과 音(음: 소리)을 쓰세요.

보기

商 ➜ 장사 **상**

(1) 順 ➜ (   )

(2) 陸 ➜ (   )

(3) 基 ➜ (   )

(4) 朗 ➜ (   )

한자의 뜻과
음(소리)은 반드시 함께
알아 두어야 합니다.

전략 3 제시된 뜻에 맞는 한자어 찾기

다음 뜻에 맞는 漢字語한자어를 보기에서 찾아 그 번호를 쓰세요.

보기

① 地球　② 基本　③ 州立　④ 特區

• 어떤 일이나 사물의 밑바탕이 되는 것. ➔ (　　　　)

답 ②

필수 예제 03

다음 뜻에 맞는 漢字語한자어를 보기에서 찾아 그 번호를 쓰세요.

보기

① 高級　② 陸路　③ 海洋　④ 朗讀

(1) 넓고 큰 바다.
➔ (　　　　)

(2) 품질이나 서비스가 뛰어남.
➔ (　　　　)

(3) 육지에 만든 길.
➔ (　　　　)

(4) 글을 소리 내어 읽음.
➔ (　　　　)

한자어가 생각나지 않을 때는 한자의 뜻을 조합하여 문제를 풀어 봅시다.

▶정답 14쪽

전략 4 뜻과 음(소리)에 맞는 한자 쓰기

다음 訓(훈: 뜻)과 音(음: 소리)에 맞는 漢字한자를 쓰세요.

보기

셀 **계** ➔ 計

• 땅 지 ➔ (　　　　　　)

답 地

필수 예제 04

다음 訓(훈: 뜻)과 音(음: 소리)에 맞는 漢字한자를 쓰세요.

보기

고을 **주** ➔ 州

(1) 바다 **해** ➔ (　　　　　　)

(2) 밝을 **명** ➔ (　　　　　　)

(3) 근본 **본** ➔ (　　　　　　)

(4) 설 **립** ➔ (　　　　　　)

'한국어문회'에서
제시한 대표 뜻과 음(소리)을
꼭 알아 두어야 합니다.

2주 04일 급수 시험 체크 전략 ❷

[한자어의 음(소리) 쓰기]

1 다음 밑줄 친 漢字語한자어의 音(음: 소리)을 쓰세요.

우리 가족은 <u>今週</u>에 여행을 가기로 하였습니다.

→ (　　　　　　　)

Tip
'週'는 '주일'을 뜻하고, '주'라고 읽습니다.

[한자어의 음(소리) 쓰기]

2 다음 밑줄 친 漢字語한자어의 讀音(독음: 읽는 소리)을 쓰세요.

생일 선물로 <u>高級</u> 인형을 받았습니다.

→ (　　　　　　　)

Tip
'級'은 '등급'을 뜻하고, '급'이라고 읽습니다.

[한자의 뜻과 음(소리) 쓰기]

3 다음 漢字한자의 訓(훈: 뜻)과 音(음: 소리)을 쓰세요.

보기

格 → 격식 **격**

• 流 → (　　　　　　　)

Tip
'流'는 '흐르다'를 뜻하고, '류' 또는 '유'라고 읽습니다.

[뜻과 음(소리)에 맞는 한자 쓰기]

4 다음 訓(훈: 뜻)과 音(음: 소리)에 맞는 한자를 쓰세요.

• 땅 지 → (　　　　　　　)

Tip
'地'는 '땅'을 뜻하는 한자입니다.

▶정답 15쪽

[제시된 한자어와 뜻에 맞는 동음어 찾기]

5 다음 제시한 漢字語한자어와 뜻에 맞는 同音語동음어를 보기 에서 찾아 그 번호를 쓰세요.

보기
① 地球 ② 陸路 ③ 海洋 ④ 流通

• 知舊-( ): 우리가 살고 있는 행성.

➜ ( )

Tip
'球'는 '공'을 뜻하고 '구'라고 읽습니다.

[제시된 한자와 뜻이 비슷한 한자 찾기]

6 다음 漢字한자와 뜻이 같거나 비슷한 漢字한자를 찾아 그 번호를 쓰세요.

보기
① 郡 ② 邑 ③ 明 ④ 洞

• 朗 ➜ ( )

Tip
'朗'의 뜻은 '밝다'입니다.

[제시된 뜻에 맞는 한자어 찾기]

7 다음 뜻에 맞는 漢字語한자어를 보기 에서 찾아 그 번호를 쓰세요.

보기
① 住宅 ② 溫順 ③ 流通 ④ 特區

• 성격이나 마음씨가 따뜻하고 순함.

➜ ( )

Tip
'順'은 '순하다'를 뜻하고, '순'이라고 읽습니다.

[빈칸에 들어갈 한자 찾기]

8 다음 四字成語사자성어의 ( ) 속에 알맞은 漢字한자를 보기 에서 찾아 그 번호를 쓰세요.

보기
① 特 ② 以 ③ 級 ④ 順

• ( )心傳心: 마음으로 마음을 전함.

➜ ( )

Tip
'以'는 '이'라고 읽습니다.

누구나 만점 전략

맞은 개수 개

01 다음 그림과 관련 있는 한자를 선으로 이으세요.

• 流

• 宅

02 다음 한자의 뜻과 음(소리)으로 알맞은 것을 찾아 선으로 이으세요.

(1) 通 • • 고을 • • 절

(2) 州 • • 통하다 • • 통

(3) 節 • • 마디 • • 주

03 다음 밑줄 친 한자어의 음(소리)을 쓰세요.

대형 선박들이 (1) 海洋을 통해 상품을 (2) 流通하고 있습니다.

(1) ( )

(2) ( )

04 다음 한자의 뜻과 음(소리)을 쓰세요.

보기

練 → 익힐 **련**

(1) 以 → ( )

(2) 級 → ( )

05 다음 한자와 뜻이 반대되는 한자를 보기에서 찾아 그 번호를 쓰세요.

보기

① 海 ② 區 ③ 地

• 陸 → ( )

▶정답 15쪽

06 다음 ☐ 안에 들어갈 한자어를 보기에서 찾아 그 번호를 쓰세요.

보기

① 地球 ② 高級 ③ 特區

• 인공위성이 ☐☐을/를 떠나 하늘 높이 날았습니다.

➜ (　　　　　　)

07 다음 한자의 뜻을 보기에서 찾아 그 번호를 쓰세요.

보기

① 주일 ② 바다 ③ 집

(1) 海 ➜ (　　　　　　)

(2) 宅 ➜ (　　　　　　)

08 다음 한자어의 음(소리)을 쓰세요.

(1) 禮節 ➜ (　　　　　　)

(2) 基本 ➜ (　　　　　　)

09 다음 문장의 ☐ 안에 들어갈 한자를 보기에서 찾아 그 번호를 쓰세요.

보기

① 以 ② 朗 ③ 順

• 하람이는 밝은 목소리로 동시를 ☐讀하였습니다.

➜ (　　　　　　)

10 다음 밑줄 친 낱말에 해당하는 한자를 찾아 그 번호를 쓰세요.

보기

① 區 ② 基 ③ 州

• 물건을 <u>구분</u>하여 정리했습니다.

➜ (　　　　　　)

2주 창의·융합·코딩 전략 ❶

하람아, 이것 좀 봐.

독후감
글쓴이 : 바람

댓글 12개
●●●
바보%#@#$%
●●●●
웃기고 있네 ^^&&&

이게 뭐야.

이런 댓글이 달릴 줄은 몰랐어.

사이버 禮節을 모르는 사람들이 있다니!

사이버 禮節?

응, 서로 얼굴을 마주 보지 않는 사이버 공간에서도 지켜야 하는 禮節이지.

사이버 공간에서 다른 사람에게 상처를 주는 사람들이 많구나.

인터넷 게시판을 사용할 때는 어떤 禮節을 지켜야 할까?

검색 해봐야겠다.

– 인터넷 게시판을 사용할 때 지켜야 할 基本 禮節

① '악성 댓글' 달지 않기
② 욕설, 과격한 표현 쓰지 않기
③ 사실이 아닌 내용 올리지 않기

사이버 공간일수록 서로를 존중하고 배려해야 하는 걸 모르나 봐.

절레 절레

창의 융합

1 위 대화를 읽고, 인터넷 게시판을 사용할 때 지켜야 하는 기본 예절을 한 가지 쓰세요.

➜ (　　　　　　　　　　　　　　　　　　　　　　　　　　　)

▶정답 15쪽

2 위 대화를 읽고, 쓰레기를 버릴 때 지켜야 하는 방법을 쓰세요.

→ (　　　　　　　　　　　　　　　　　　　　　　　　　　　　　　)

창의·융합·코딩 전략 ❷

코딩

1 '출발' 지점에서 명령어 대로 이동했을 때 만나는 한자의 음(소리)을 순서대로 쓰세요.

• 첫 번째 한자의 음(소리)
→ (　　　　　)

• 두 번째 한자의 음(소리)
→ (　　　　　)

• 세 번째 한자의 음(소리)
→ (　　　　　)

창의 융합

2 다음 음(소리)에 해당하는 한자어를 보기 에서 찾아 쓰세요.

보기		
陸地	海洋	區分

▶정답 15쪽

코딩

3 규칙 에 따라 미로를 탈출하며 만난 숫자에 ○표 하고, 도착한 한자어의 음(소리)을 쓰세요.

규칙

10만큼 뛰어서 세는 규칙

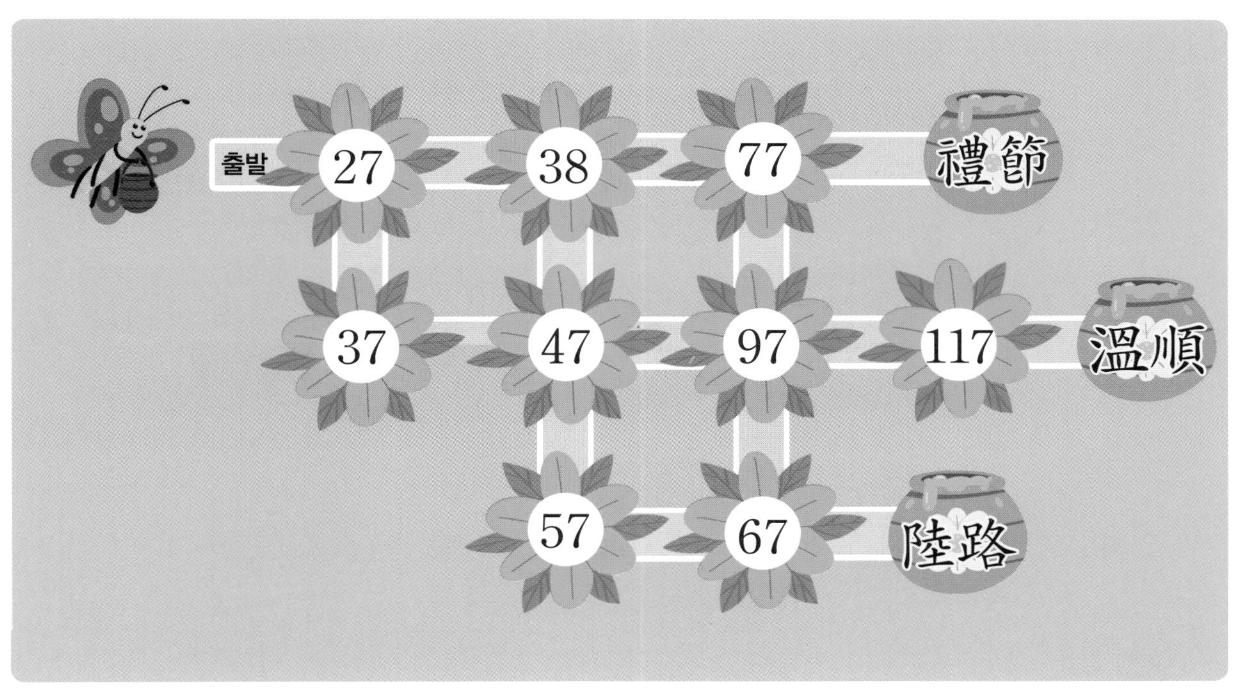

• 한자어의 음(소리) → (   )

창의 융합

4 다음 ☐ 안에 들어갈 한자를 찾아 ○표 하세요.

오늘 배울 한자 ☐은 '마디'를 뜻하고, '절'이라고 읽습니다. '해마다 일정하게 지키어 즐기거나 기념하는 때.'를 뜻하는 한자어 '명절'에서도 오늘 배울 한자를 찾아볼 수 있습니다.

5 다음 밑줄 친 낱말과 관련이 있는 한자를 보기 에서 찾아 쓰세요.

보기: 海 宅 通 流

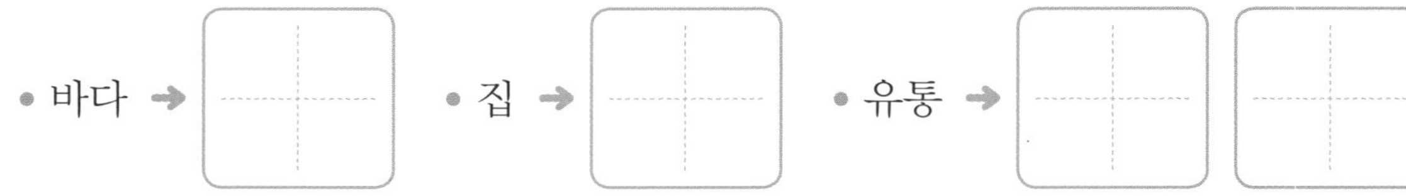

6 다음 그림 속 한자를 찾아 ○표 한 후, □ 안에 들어갈 알맞은 숫자를 쓰세요.

▶정답 15쪽

코딩

7 자판기 속 음료를 뽑아 설명에 해당하는 한자어를 만들고, 그 음료들의 총 금액을 쓰세요.

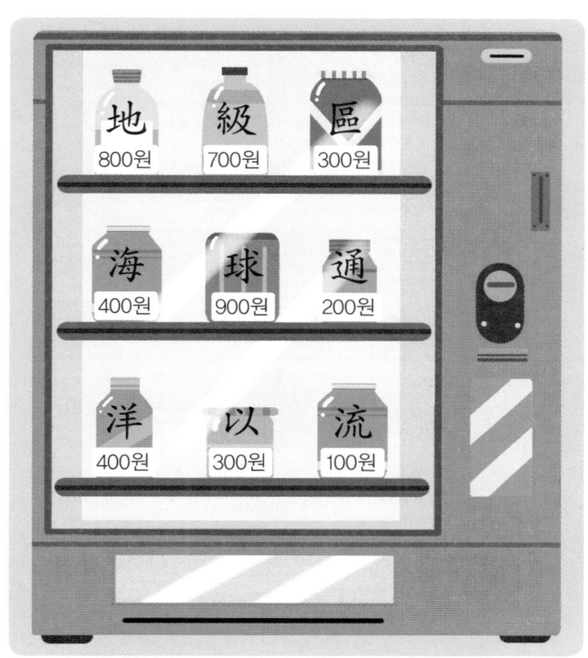

• 총 금액 → (   )

창의 융합

8 다음 글을 읽고 밑줄 친 한자어의 음(소리)을 쓰세요.

<u>海洋</u>은 생물, 광물, 에너지 등의 여러 가지 자원을 사람에게 선물합니다. 예전에는 <u>海洋</u>을 단순히 물고기를 잡거나, 배가 다니는 길로만 인식했습니다. 하지만 최근에는 새로운 관점에서 <u>海洋</u>의 중요성에 집중하고 있습니다.

• '海洋'의 음(소리) → (   )

후편 마무리 전략

마트에 오니까
우리가 배운 한자들이
생각난다.
나도 나도!
우리 모두
한자 실력이
자란 같아.
OO 마트

그렇다면 우리 지금까지
배운 한자로 퀴즈를 풀어 볼까?
좋아 좋아.

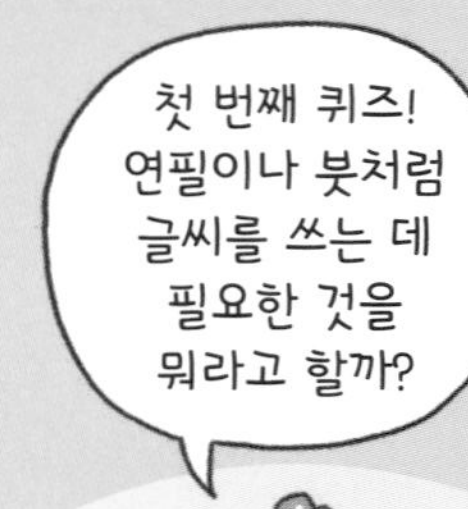

첫 번째 퀴즈!
연필이나 붓처럼
글씨를 쓰는 데
필요한 것을
뭐라고 할까?

筆記(필기)
道具(도구)

딩동댕!

두 번째 퀴즈!
商品(상품)이 생산자에서
소비자에게로 전달되는 것을
뭐라고 할까?
광고, 교류,
상점…
流通(유통)!
딩동댕!

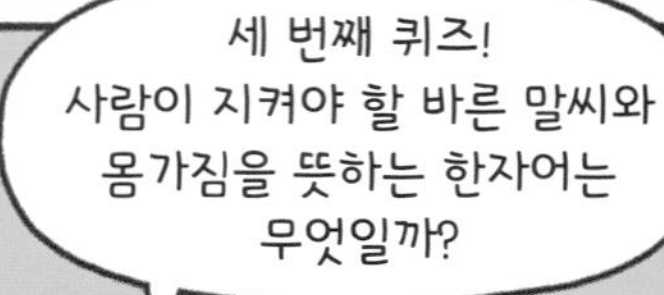

세 번째 퀴즈!
사람이 지켜야 할 바른 말씨와
몸가짐을 뜻하는 한자어는
무엇일까?

禮節(예절)!
훌륭해!

네 번째 퀴즈!
내가 살던 아주 큰 바다를
뜻하는 한자어는 무엇일까?

만화를 보고, 지금까지 배운 한자를 기억해 보세요.

1주 | 장사 한자

商 店 價 格 廣 告 開 在 品 具 種 筆 財 客 計 利

2주 | 유통 한자

流 通 週 順 節 以 區 級 基 宅 州 陸 地 海 洋 朗

신유형·신경향·서술형 전략

장사 한자

1 보름이네 가족이 식당에서 식사를 하고 있는 모습입니다. 그림을 보고 물음에 답하세요.

❶ 차림표 속 한자어의 음(소리)을 쓰세요.

- ㉠ 價格 → (　　　　　　)
- ㉡ 合格 → (　　　　　　)

❷ 보름이의 발표를 참고하여, 차림표 속의 □ 안에 들어갈 한자를 찾아 ○표 하세요.

Tip

'種'의 음(소리)은 ❶ 　　 이고, 뜻은 '씨', 또는 ❷ 　　 입니다.

답 ❶ 종 ❷ 종류

▶정답 16쪽

장사 한자

2 다음 대화를 읽고, 물음에 답하세요.

❶ 두 학생의 대화에 나타난 한자어의 음(소리)을 쓰세요.

- ㉠ 商品 ➔ (   )
- ㉡ 廣告 ➔ (   )

❷ 다음 친구들 가운데 현명하게 상품을 소비하기 위한 방법을 바르게 말한 친구에게 ○표 하세요.

Tip

'價格'의 음(소리)은 ❶ [   ] 이고, '各種'의 음(소리)은 ❷ [   ] 입니다.

답 ❶ 가격 ❷ 각종

유통 한자

3 집으로 한 통의 편지가 도착했습니다. 다음 물음에 답하세요.

❶ 편지에 적혀 있는 한자어의 음(소리)을 쓰세요.

- ㉠ 地球 → (   )
- ㉡ 海洋 → (   )

❷ 편지를 보낸 형이 연구를 위해 떠난 곳을 찾아 ○표 하세요.

Tip

[   ]은/는 '넓고 큰 바다.'를 뜻하는 한자어입니다.

답 해양

▶정답 16쪽

유통 한자

4 재민이의 설명을 보고, 다음 물음에 답하세요.

❶ 재민이의 설명에서 밑줄 친 낱말에 해당하는 한자어를 보기에서 찾아 쓰세요.

보기

朗讀　　流通

답 [ ] [ ]

❷ 다음 문장에서 밑줄 친 한자어의 음(소리)을 쓰세요.

- 농촌에서 생산한 채소를 화물차에 싣고 ㉠陸路로 운반합니다.
- 농산물을 운반한 ㉡以後에는 시장을 통해 소비자에게 판매합니다.

- ㉠ 陸路 → (　　　　　)
- ㉡ 以後 → (　　　　　)

Tip

[　　　]은/는 '상품이 생산자에서 소비자에게 옮겨가는 것.'을 말합니다.

답 유통

적중 예상 전략 1회

[문제 01~02] 다음 밑줄 친 漢字語한자어의 讀音(독음: 읽는 소리)을 쓰세요.

백화점은 여러 가지 01 商品을 판매하는 곳입니다. 아빠는 할아버지께 선물로 드릴 02 萬年筆을 사셨습니다.

01 商品 → (   )

02 萬年筆 → (   )

[문제 03~04] 다음 漢字한자의 訓(훈: 뜻)과 音(음: 소리)을 쓰세요.

보기

仙 → 신선 **선**

03 店 → (   )

04 客 → (   )

▶정답 16쪽

[문제 05~06] **다음 문장의 밑줄 친 漢字語한자어를 漢字한자로 쓰세요.**

05 우리 집은 터미널에서 자동차로 10분 거리에 있습니다.

➔ (　　　　　　)

06 박물관에서는 그 지역에서 출토된 유물을 전시하였습니다.

➔ (　　　　　　)

[문제 07~08] **다음 訓(훈: 뜻)과 音(음: 소리)을 가진 漢字한자를 쓰세요.**

07 오를 등 ➔ (　　　　　　)

08 들을 문 ➔ (　　　　　　)

[문제 09~10] 다음 밑줄 친 漢字한자와 뜻이 반대(또는 상대)되는 漢字한자를 쓰세요.

보기

① 利 ② 天
③ 讀 ④ 主

09 (   )客이 바뀐 듯이 잘못한 사람이 화를 내었습니다.

→ (   )

10 눈이 온 (   )地를 뒤덮었습니다.

→ (   )

[문제 11~12] 다음 四字成語사자성어의 (   ) 안에 알맞은 漢字한자를 보기에서 찾아 그 번호를 쓰세요.

보기

① 利 ② 計
③ 以 ④ 通

11 百年大(   ): 먼 앞날까지 미리 내다보고 세우는 크고 중요한 계획.

→ (   )

12 (   )心傳心: 마음으로 마음을 전함.

→ (   )

▶정답 16쪽

[문제 13~14] 다음 뜻에 맞는 漢字語한자어를 보기 에서 찾아 그 번호를 쓰세요.

① 道具	② 筆記
③ 商品	④ 各種

13 시장이나 가게에서 사고파는 물품.

➜ (　　　　　)

14 온갖 종류. 또는 여러 종류.

➜ (　　　　　)

[문제 15~16] 다음 漢字한자의 짙게 표시된 획은 몇 번째 쓰는 획인지 보기 에서 찾아 그 번호를 쓰세요.

① 다섯 번째	② 여섯 번째
③ 일곱 번째	④ 여덟 번째

15 筆

(　　　　　)

16

(　　　　　)

적중 예상 전략 2회

[문제 01~02] **다음 밑줄 친 漢字語한자어의 讀音(독음: 읽는 소리)을 쓰세요.**

해외에서 들어오는 수입품은 항로를 통해 수입하는 것과 01 海洋을 통해 수입하는 것으로 나누어 볼 수 있습니다. 이러한 물품들은 시장을 통해 소비자에게 모두 02 流通되고 있습니다.

01 海洋 → (   )

02 流通 → (   )

[문제 03~04] **다음 漢字한자의 訓(훈: 뜻)과 音(음: 소리)을 쓰세요.**

보기

法 → 법 **법**

03 節 → (   )

04 宅 → (   )

▶정답 16쪽

[문제 05~06] **다음 문장의 밑줄 친 漢字語한자어를 漢字한자로 쓰세요.**

05 우리 가족은 식목일을 맞이하여 나무를 심기로 하였습니다.
➔ (　　　　　　)

06 뜨거운 차는 안전하게 옮겨야 합니다.
➔ (　　　　　　)

[문제 07~08] **다음 訓(훈: 뜻)과 音(음: 소리)을 가진 漢字한자를 쓰세요.**

07 바다 **해** ➔ (　　　　　　)

08 기록할 기 ➔ (　　　　　　)

[문제 09~10] 다음 제시한 漢字語한자어와 뜻에 맞는 同音語동음어를 보기에서 찾아 그 번호를 쓰세요.

보기
① 住宅　② 大家
③ 交流　④ 地球

09 代價 – (　　): 전문 분야에서 뛰어나 권위를 인정받는 사람.
→ (　　　　　)

10 地區 – (　　): 우리가 살고 있는 행성.
→ (　　　　　)

[문제 11~12] 다음 四字成語사자성어의 (　) 안에 알맞은 漢字한자를 보기에서 찾아 그 번호를 쓰세요.

보기
① 流　② 級
③ 海　④ 筆

11 青山(　　)水: 푸른 산에 흐르는 맑은 물이라는 뜻으로, 막힘없이 썩 잘하는 말을 비유적으로 이르는 말.
→ (　　　　　)

12 大書特(　　): 뚜렷이 드러나도록 큰 글자로 쓴다는 뜻에서, 신문 등에서 어떤 기사를 중요하게 다룰 때 쓰는 말.
→ (　　　　　)

▶정답 16쪽

[문제 13~14] 다음 뜻에 맞는 漢字語한자어를 보기에서 찾아 그 번호를 쓰세요.

보기

① 溫順　② 禮節
③ 廣告　④ 州立

13 세상에 널리 알림. 또는 그런 일.

 (　　　　)

14 사람이 지켜야 할 바른 말씨와 몸가짐.

→ (　　　　)

[문제 15~16] 다음 漢字한자의 짙게 표시된 획은 몇 번째 쓰는 획인지 보기에서 찾아 그 번호를 쓰세요.

① 세 번째　② 네 번째
③ 다섯 번째　④ 여섯 번째

15

(　　　　)

16

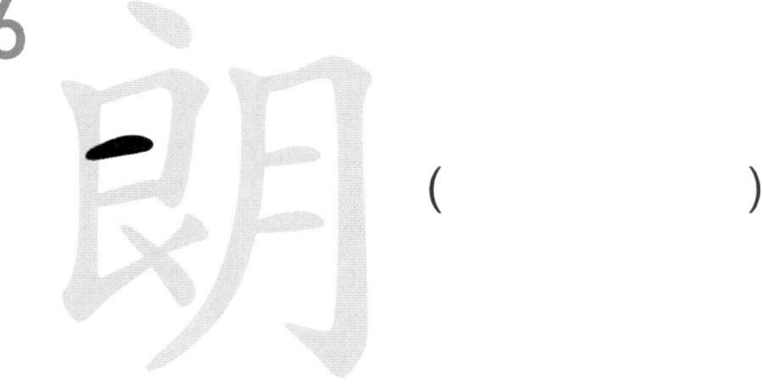

(　　　　)

교과 학습 한자어 전략

교과 학습 한자어 | 01 |

육 교 陸 橋

물 륙 | 다리 교

학교에 가려면 문구점 옆의 陸橋(육교)를 건너야 합니다.

뜻 도로나 철로 위로 건너질러 놓은 다리.

참고 '陸'이 낱말의 맨 앞에 올 때는 '육'이라고 읽어요.

심화 한자 1 부수 木 | 총 16획

橋 다리 교

'다리'나 '교량'을 뜻하는 한자예요. 물 위를 건널 수 있게 나무를 엮어 얹은 '다리'의 모습을 표현했어요.

橋 다리 교 橋 다리 교

쓰는 순서 一 十 才 木 木' 木'' 杧 杧 柝 桥 桥 桥 橋 橋 橋 橋

교과 학습 한자어 | 02 |

규 격 規 格

법 규 | 격식 격

상품 規格(규격)에 맞게 진열대 간격을 맞춰야 합니다.

뜻 일정한 규정에 들어맞는 격식.

심화 한자 2 부수 見 | 총 11획

規 법 규

'법규'나 '법칙'을 뜻하는 한자예요. 어른을 나타내는 '夫(지아비 부)'와 '見(볼 견)'이 합쳐져서 이러한 뜻을 나타내게 되었어요.

規 법 규 規 법 규

쓰는 순서 一 二 夫 夫 夫 知 知 钼 担 規 規

교과 학습 한자어 | 03

순서

順	序
순할 순	차례 서

뜻 정하여진 기준에서 말하는 전후, 좌우, 상하 따위의 차례 관계.

아이들은 도착한 順序(순서)대로 급식실 앞에 줄을 서고 있습니다.

심화 한자 3 부수 广 | 총 7획

序
차례 서

'차례'나 '질서'를 뜻하는 한자예요. 처음에는 '담벼락'을 뜻했다가 나중에 '차례', '순서'라는 뜻으로 변하게 되었어요.

序 차례 서 序 차례 서

쓰는 순서 丶 亠 广 户 户 庐 序

교과 학습 한자어 | 04

한류

寒	流
찰 한	흐를 류

뜻 온도가 비교적 낮은 해류.

우리나라 동해는 寒流(한류)와 난류가 만나는 지점으로 물고기가 많이 잡힙니다.

심화 한자 4 부수 宀 | 총 12획

寒
찰 한

'차다'나 '춥다'를 뜻하는 한자예요. 차가운 방 안에 있는 사람을 나타내면서 이러한 뜻을 나타내게 되었어요.

寒 찰 한 寒 찰 한

쓰는 순서 丶 丶 宀 宀 宀 宀 宙 宙 寉 実 寒 寒

교과 학습 한자어 05

상품

賞	品
상줄 상	물건 품

뜻 상으로 주는 물품.

달리기에서 1등을 한 학생에게 공책을 賞品(상품)으로 주었습니다.

심화 한자 5 부수 貝 | 총 15획

賞

상줄 상

'상을 주다'나 '증여하다'를 뜻하는 한자예요. '공을 세운 사람에게 재물[貝]을 주다'라는 의미에서 이러한 뜻을 갖게 되었어요.

賞 상줄 상 / 賞 상줄 상

쓰는 순서 丨 ⺌ ⺌ ⺍ 𰀀 尚 尚 尚 尚 常 常 賞 賞 賞 賞

교과 학습 한자어 06

이타

利	他
이할 리	다를 타

뜻 자기의 이익보다는 다른 이의 이익을 더 꾀함.

참고 '利'가 낱말의 맨 앞에 올 때는 '이'라고 읽어요.

그는 어려운 사람을 돕는데 앞장서는 利他(이타)적인 사람입니다.

심화 한자 6 부수 人(亻) | 총 5획

他

다를 타

'다르다'나 '다른'을 뜻하는 한자예요. 자기 자신이 아닌 '다른 사람'의 뜻으로 쓰여요.

他 다를 타 / 他 다를 타

쓰는 순서 丿 亻 仁 仲 他

▶정답 16쪽

1 다음 뜻에 해당하는 한자어를 찾아 ○표 하세요.

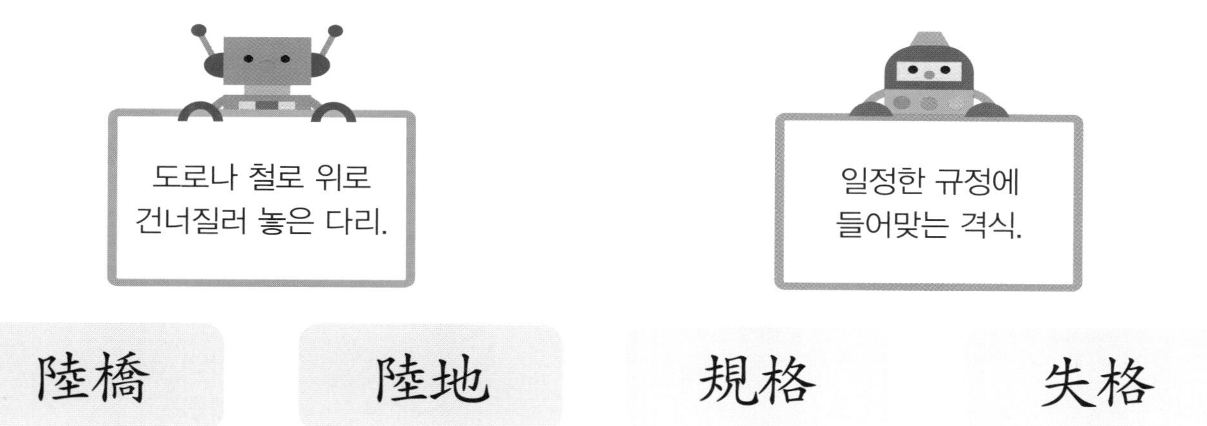

2 다음 뜻에 해당하는 한자어를 찾아 ∨표 하세요.

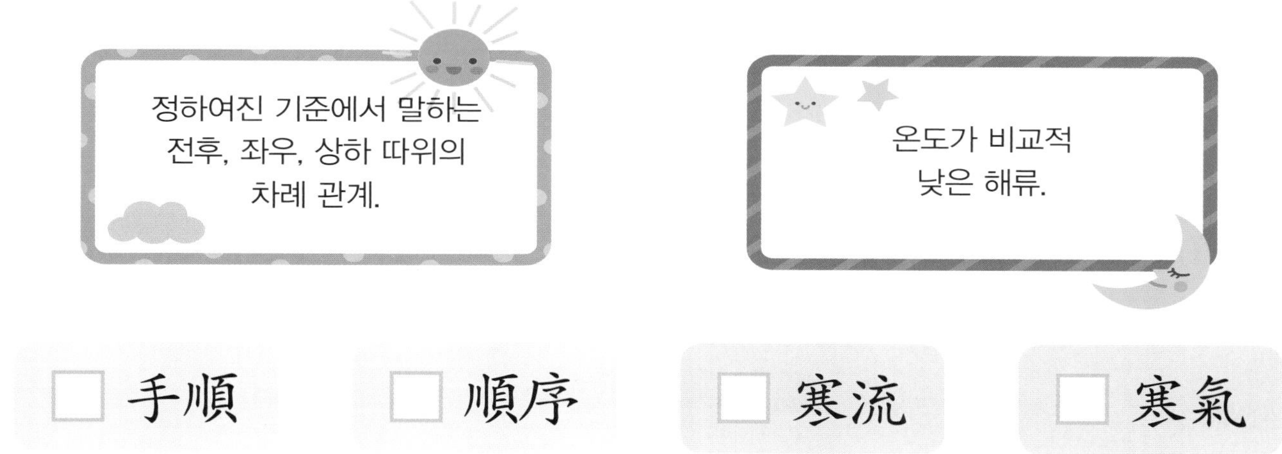

3 다음 힌트를 보고 알맞은 글자를 써넣으세요.

힌트
① 자기의 이익보다는 다른 이의 이익을 더 꾀함.
② 상으로 주는 물품.

한자

한자어

한자 전략 6단계 A 사진 출처

셔터스톡

전편

27쪽 서재(ⓒReal_life_Studio)
37쪽 돌하르방(ⓒgowithstock)
41쪽 영화필름(ⓒMmaxer)
60쪽 도서관의 책(ⓒChinnapong)
63쪽 공룡 화석 발굴하는 고고학자들(ⓒpaleontologist natural)
74쪽 공공 도서관(ⓒRittis)

후편

32쪽 학용품 아이콘(ⓒyoshi-5)
34쪽 여러 종류의 붓(ⓒNor Gal)
55쪽 음영 지도(ⓒAridOcean)
59쪽, 88쪽 지구(ⓒAlex Staroseltsev)
66쪽 달력에 표시(ⓒArt Alex)
80쪽 히말라야(ⓒHelen Phung)
모로코 사하라 사막(ⓒJulian Schaldach)
푸른 바다(ⓒsatit sewtiw)
84쪽 설원 일러스트(ⓒPCH.Vector)
88쪽 도예가 일러스트(ⓒGoodStudio)

* ( ) 안의 표기는 저작권자명임.
** 출처 표시를 안 한 사진 및 삽화 등은 발행사에서 저작권을 가지고 있는 경우임.

메 모

뭘 좋아할지 몰라 다 준비했어♥ # 전과목 교재

전과목 시리즈 교재

●무등생 해법시리즈

– 국어/수학	1~6학년, 학기용
– 사회/과학	3~6학년, 학기용
– 봄·여름/가을·겨울	1~2학년, 학기용
– SET(전과목/국수, 국사과)	1~6학년, 학기용

●똑똑한 하루 시리즈

– 똑똑한 하루 독해	예비초~6학년, 총 14권
– 똑똑한 하루 글쓰기	예비초~6학년, 총 14권
– 똑똑한 하루 어휘	예비초~6학년, 총 14권
– 똑똑한 하루 한자	예비초~6학년, 총 14권
– 똑똑한 하루 수학	1~6학년, 학기용
– 똑똑한 하루 계산	예비초~6학년, 총 14권
– 똑똑한 하루 도형	예비초~6학년, 총 8권
– 똑똑한 하루 사고력	1~6학년, 학기용
– 똑똑한 하루 사회/과학	3~6학년, 학기용
– 똑똑한 하루 봄/여름/가을/겨울	1~2학년, 총 8권
– 똑똑한 하루 안전	1~2학년, 총 2권
– 똑똑한 하루 Voca	3~6학년, 학기용
– 똑똑한 하루 Reading	초3~초6, 학기용
– 똑똑한 하루 Grammar	초3~초6, 학기용
– 똑똑한 하루 Phonics	예비초~초등, 총 8권

●독해가 힘이다 시리즈

– 초등 문해력 독해가 힘이다 비문학편	3~6학년
– 초등 수학도 독해가 힘이다	1~6학년, 학기용
– 초등 문해력 독해가 힘이다 문장제수학편	1~6학년, 총 12권

영어 교재

●초등영어 교과서 시리즈

파닉스(1~4단계)	3~6학년, 학년용
영단어(1~4단계)	3~6학년, 학년용
●LOOK BOOK 영단어	3~6학년, 단행본
●원서 읽는 LOOK BOOK 영단어	3~6학년, 단행본

국가수준 시험 대비 교재

●해법 기초학력 진단평가 문제집	2~6학년·중1 신입생, 총 6권

급수 한자 필수 학습!
탄탄하게 다져두자!

급수 한자

정답과 부록

6단계 A
5급 Ⅱ ①

천재교육

모르는 문제는
확실하게
알고 가자!

6단계 A 5급 Ⅱ ①

정답

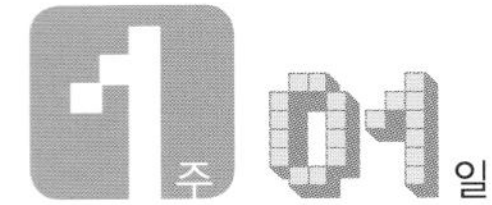

급수 한자 돌파 전략 ❶ 한자 기초 확인 13, 15쪽

1

2

• 뜻 → (예)
• 음(소리) → (고)

3

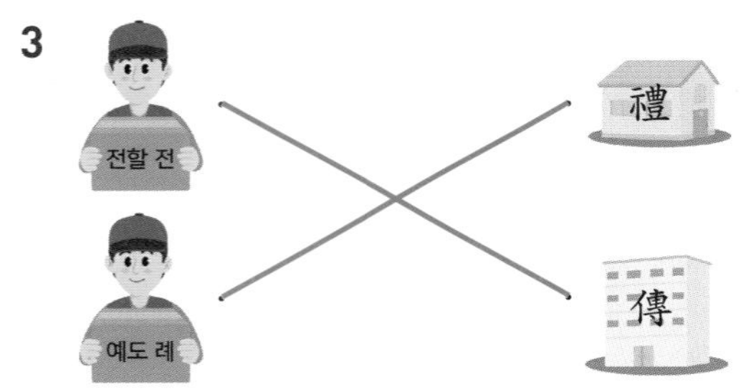

4

主
임금/주인 주
臣
신하 신

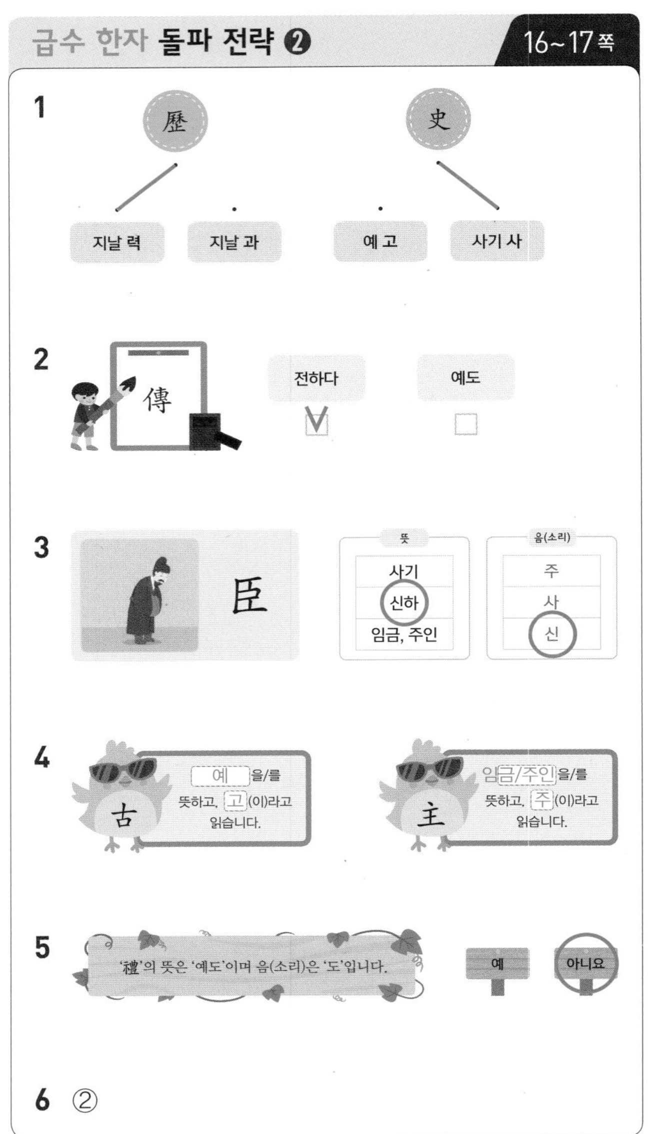

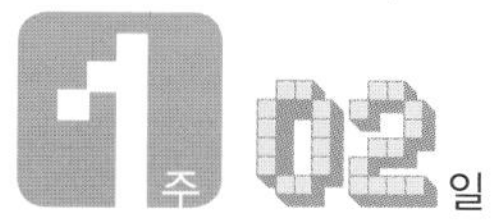

급수 한자 돌파 전략 ❶ 한자 기초 확인 19, 21쪽

급수 한자 돌파 전략 ❷ 22~23쪽

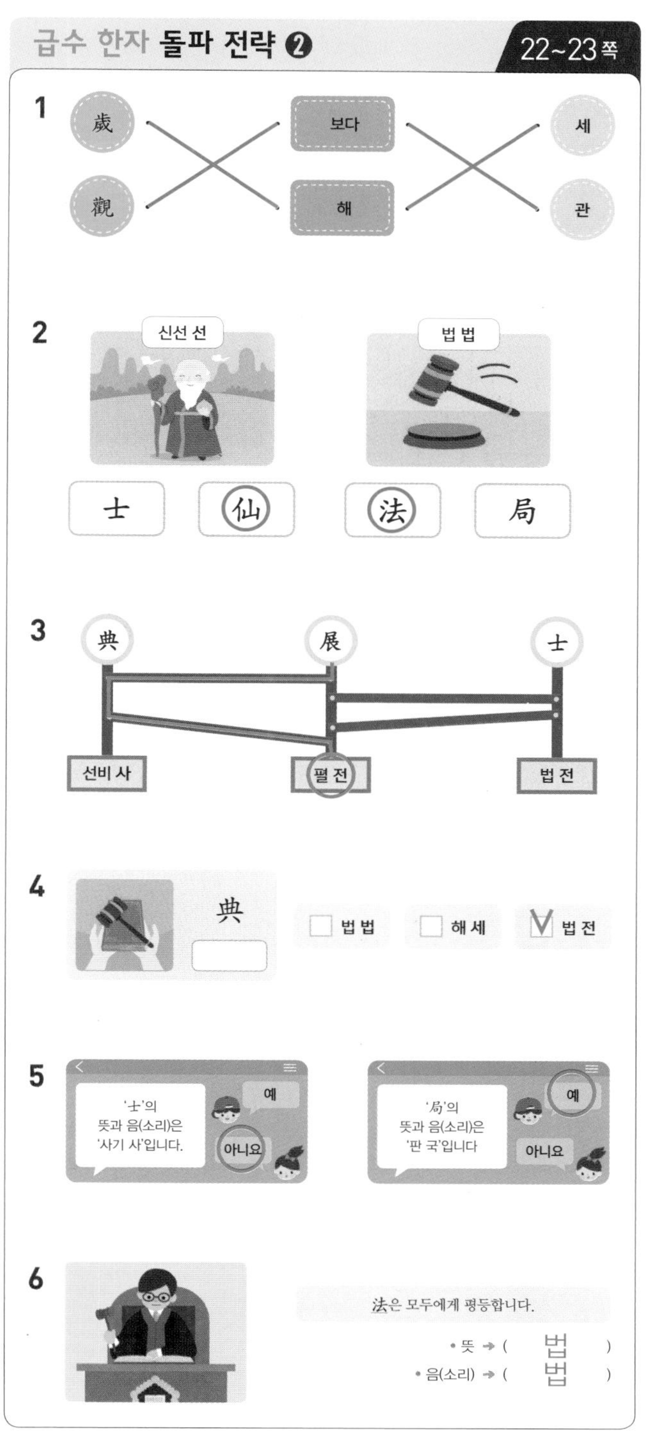

정답

1주 03일

급수 한자어 대표 전략 ❷ 28~29쪽

1주 04일

급수 시험 체크 전략 ❶ 30~33쪽

필수 예제 01

(1) 통과 (2) 약국 (3) 연세 (4) 관광

필수 예제 02

(1) 예도 례 (3) 볼 관
(2) 해 세 (4) 신선 선

필수 예제 03

(1) ② (2) ④ (3) ③ (4) ①

필수 예제 04

(1) ④ (2) ② (3) ① (4) ③

급수 시험 체크 전략 ❷ 34~35쪽

1 군사
2 약국
3 볼 관
4 신선 선
5 ④
6 ③
7 ③
8 ②

누구나 만점 전략 36~37쪽

01 史 士 (史)

02 (1) 歷 – 지나다 – 력
(2) 傳 – 전하다 – 전
(3) 觀 – 보다 – 관

03 만세

04 (1) 主 → (임금/주인)주
(2) 臣 → (신하 신)

05 ②

06 國 史

07 ②

08 ①

09 ③

10 ①

창의•융합•코딩 전략 ❶ 38~39쪽

1 연세

2 法 典

창의•융합•코딩 전략 ❷ 40~43쪽

1

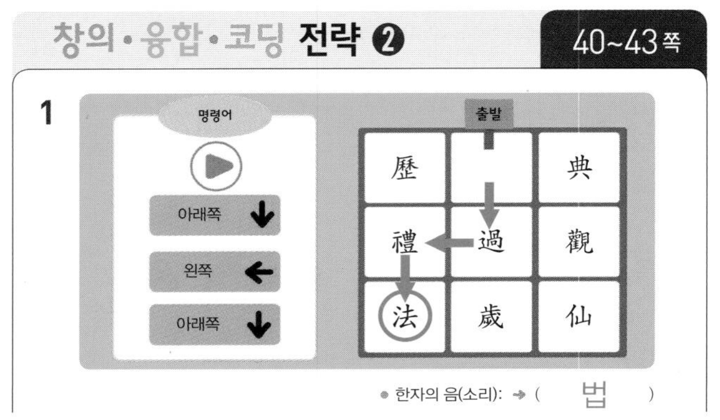

• 한자의 음(소리): → (법)

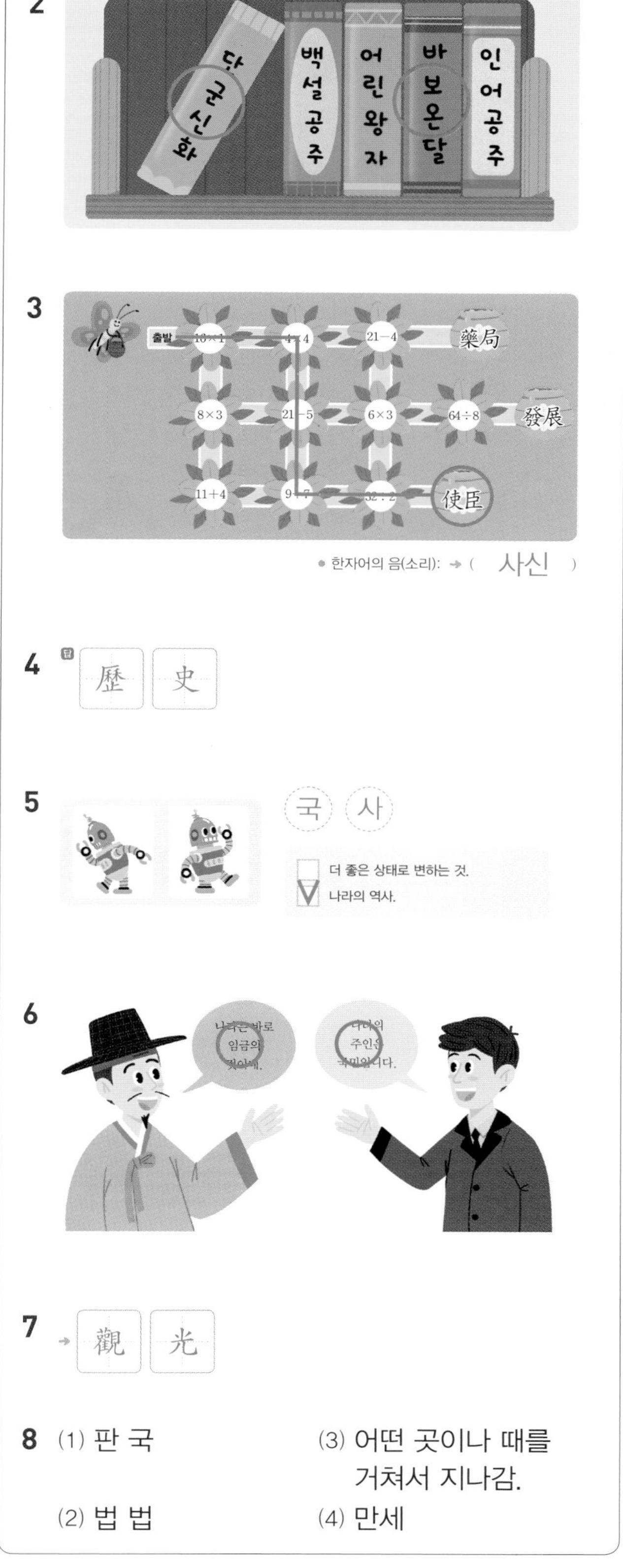
2
단군신화
백설공주
어린왕자
바보온달
인어공주
3
출발
21−4
藥局
8×3
21−5
6×3
64÷8
發展
11+4
使臣
• 한자어의 음(소리): → (사신)
4
歷 史
5
국 사
더 좋은 상태로 변하는 것.
나라의 역사.
6
7
→ 觀 光
8 (1) 판 국
(2) 법 법
(3) 어떤 곳이나 때를 거쳐서 지나감.
(4) 만세

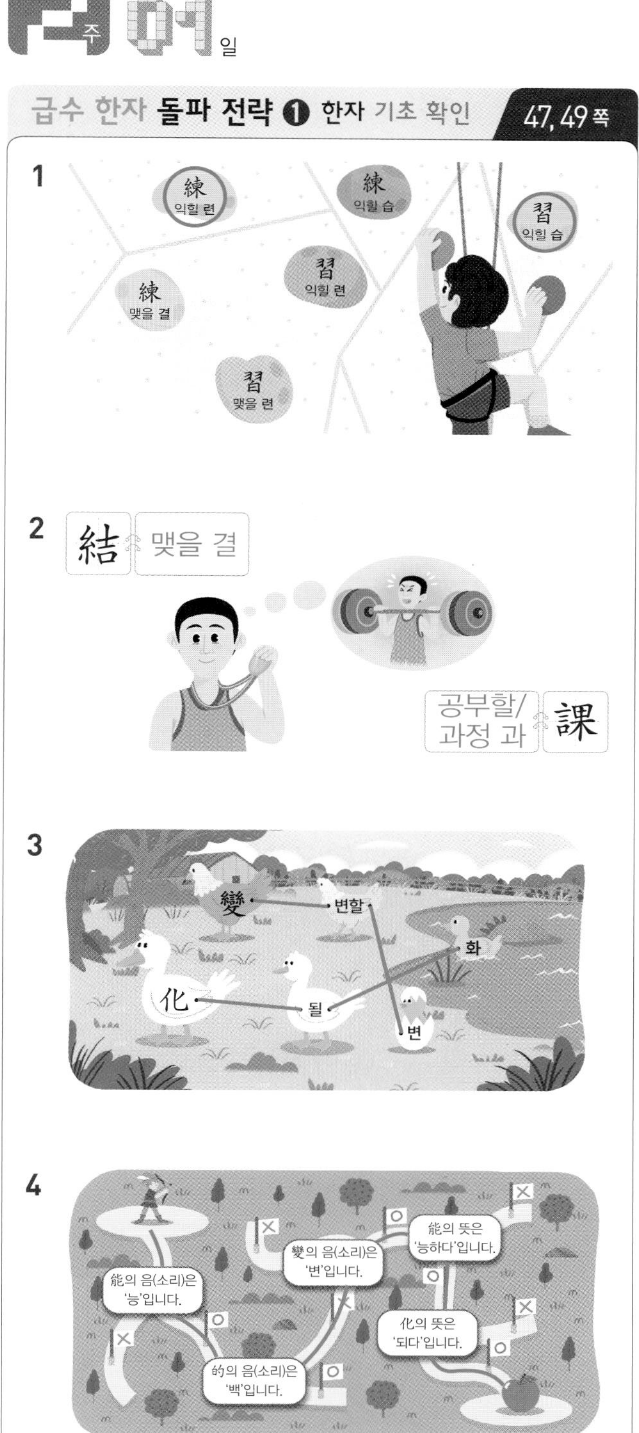
2주 01일
급수 한자 돌파 전략 ❶ 한자 기초 확인
47, 49쪽
1
練 익힐 련
練 익힐 습
習 익힐 습
習 익힐 련
練 맺을 결
習 맺을 련
2
結 맺을 결
공부할/과정 과 課
3
變
변할
화
化
될
변
4
能의 음(소리)은 '능'입니다.
變의 음(소리)은 '변'입니다.
能의 뜻은 '능하다'입니다.
化의 뜻은 '되다'입니다.
的의 음(소리)은 '백'입니다.

정답

급수 한자 돌파 전략 ❷ 50~51쪽

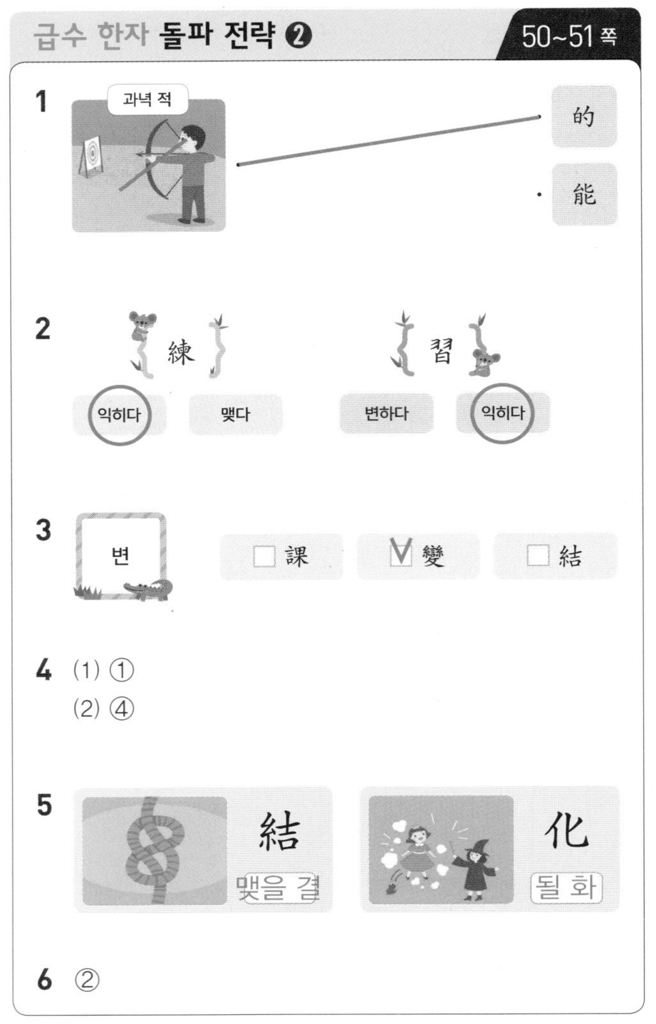

급수 한자 돌파 전략 ❶ 한자 기초 확인 53, 55쪽

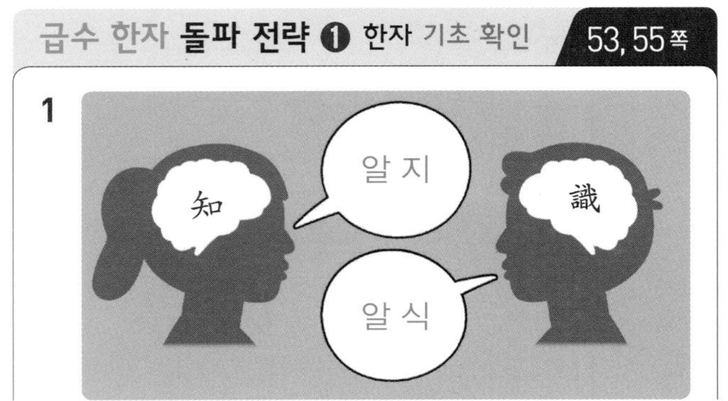

급수 한자 돌파 전략 ❷ 56~57쪽

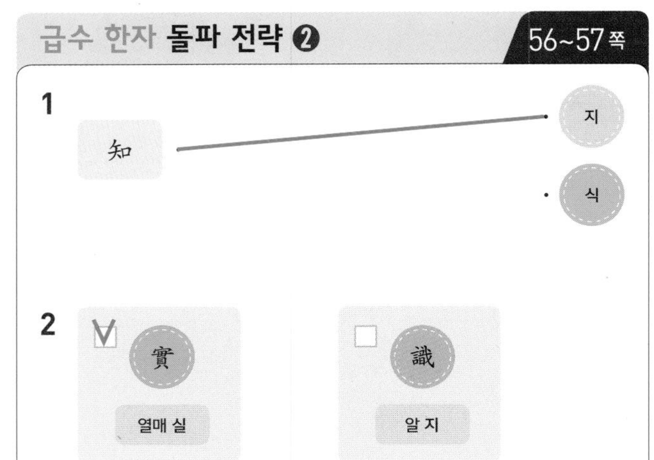

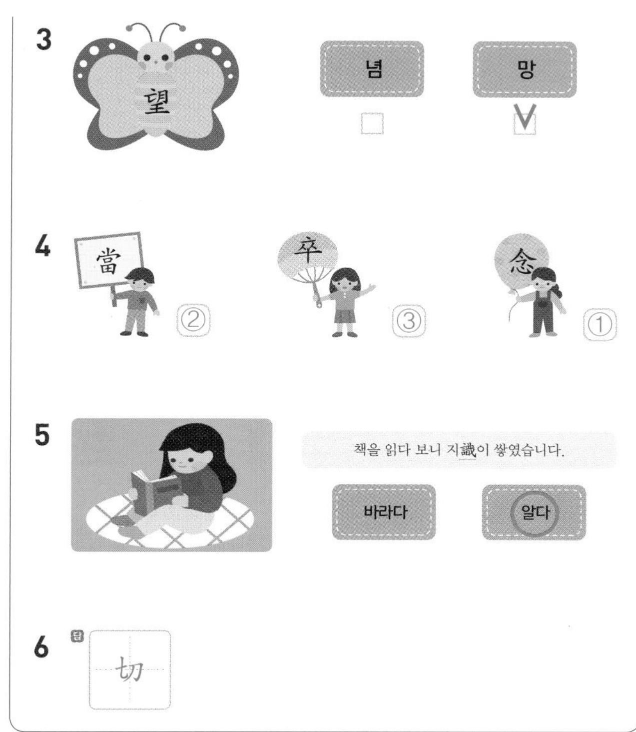

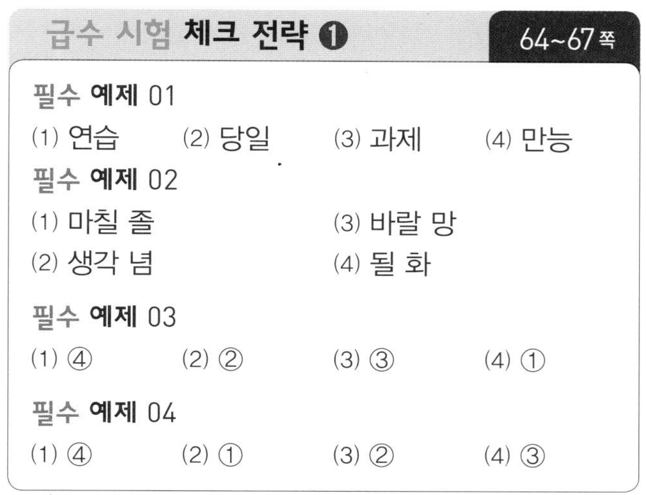

급수 시험 체크 전략 ❶ 64~67쪽

필수 예제 01

(1) 연습 (2) 당일 (3) 과제 (4) 만능

필수 예제 02

(1) 마칠 졸 (3) 바랄 망
(2) 생각 념 (4) 될 화

필수 예제 03

(1) ④ (2) ② (3) ③ (4) ①

필수 예제 04

(1) ④ (2) ① (3) ② (4) ③

급수 시험 체크 전략 ❷ 68~69쪽

1 과제
2 지식
3 변할 변
4 바랄 망
5 ②
6 ②
7 ②
8 ①

누구나 만점 전략 70~71쪽

01 知
02 化
03 목적
04 ①
05 ①
06 練 習
07 ②
08 ③
09 ②
10 (1) 마땅 당
(2) 맺을 결

창의・융합・코딩 전략 ❶ 72~73쪽

1 實
2 화석

정답

창의•융합•코딩 전략 ❷ 74~77쪽

1

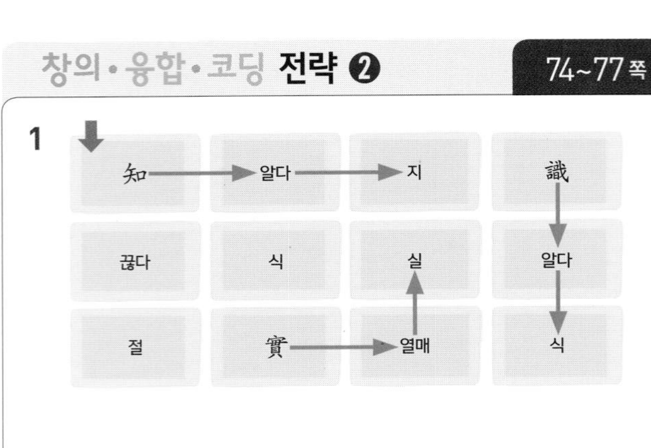

2

3

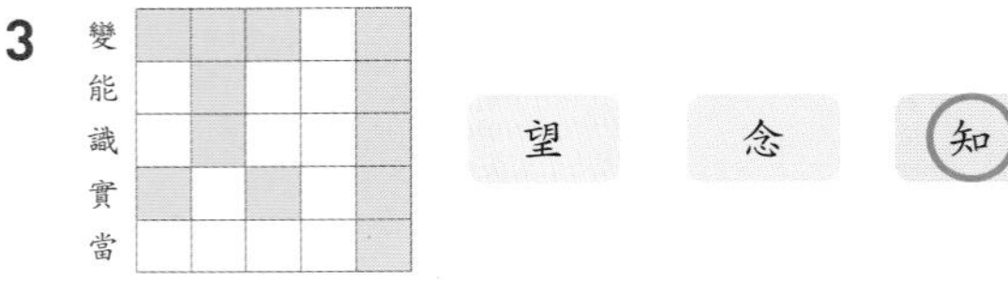

4 ☑ 化石 ☐ 火石

5 2

6

• 색 → (초록) • 한자어의 음(소리) → (지적)

7

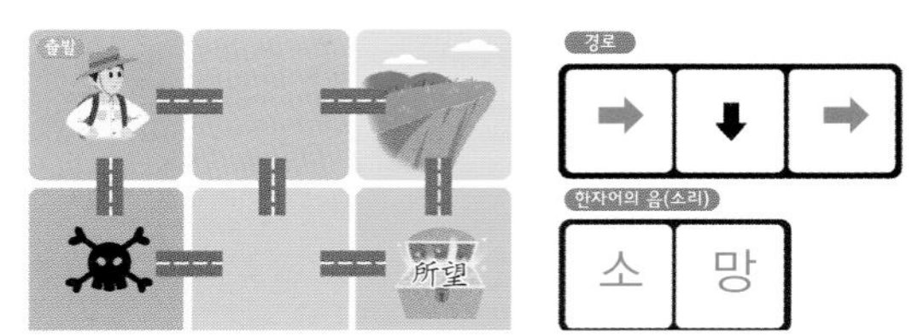

8

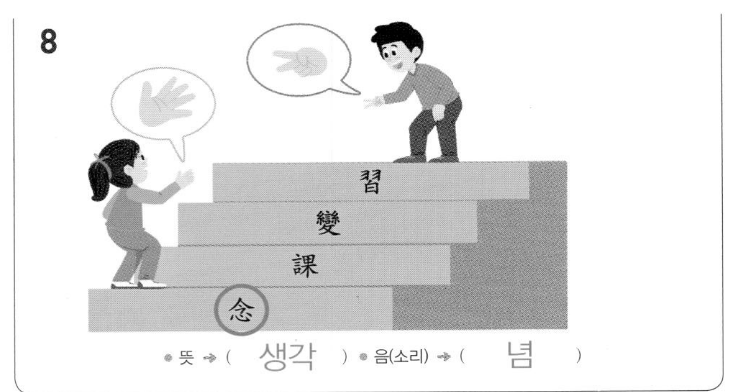

• 뜻 → (생각) • 음(소리) → (념)

신유형•신경향•서술형 전략 80~83쪽

1 ❶ • 練 → 익히다 • 的 → 과녁

❷ 답 練 習

2 ❶ • 方法 → 방법 • 觀光 → 관광

❷ ☐ ☑ ☐

3 ❶ • 變信 → 변신 • 萬能 → 만능

❷ 답 課 題

4 ❶ • 歷史 → 역사 • 傳來 → 전래

❷ • 답 年 歲 • 답 藥 國

적중 예상 전략 1회 84~87쪽

01 역사	05 ②
02 만세	06 ④
03 예도 례	07 軍
04 임금/주인 주	08 年

09 伝	13 昨年
10 観	14 窓門
11 ④	15 ④
12 ①	16 ①

적중 예상 전략 2회 88~91쪽

01 화석	09 ①
02 지적	10 ③
03 능할 능	11 ③
04 마칠 졸	12 ②
05 學問	13 ①
06 科學	14 ③
07 果	15 ④
08 失	16 ②

교과 학습 한자어 전략 95쪽

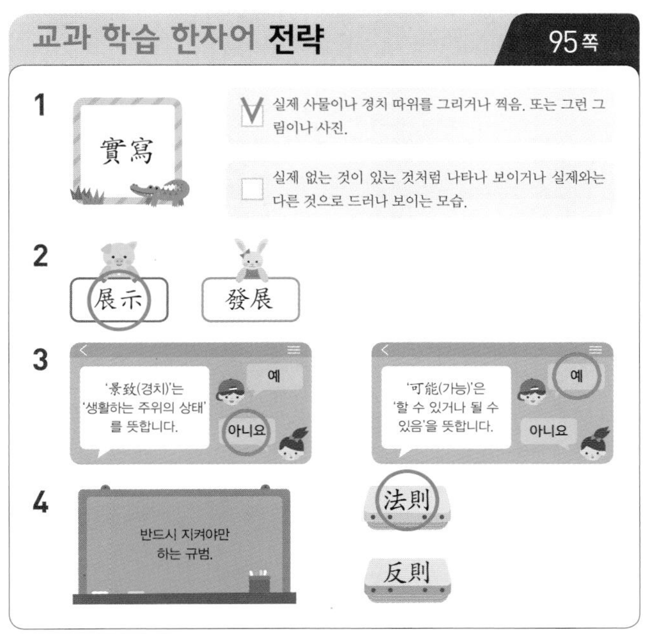

후편 1주 04일

급수 한자 돌파 전략 ❶ 한자 기초 확인 11, 13쪽

정답

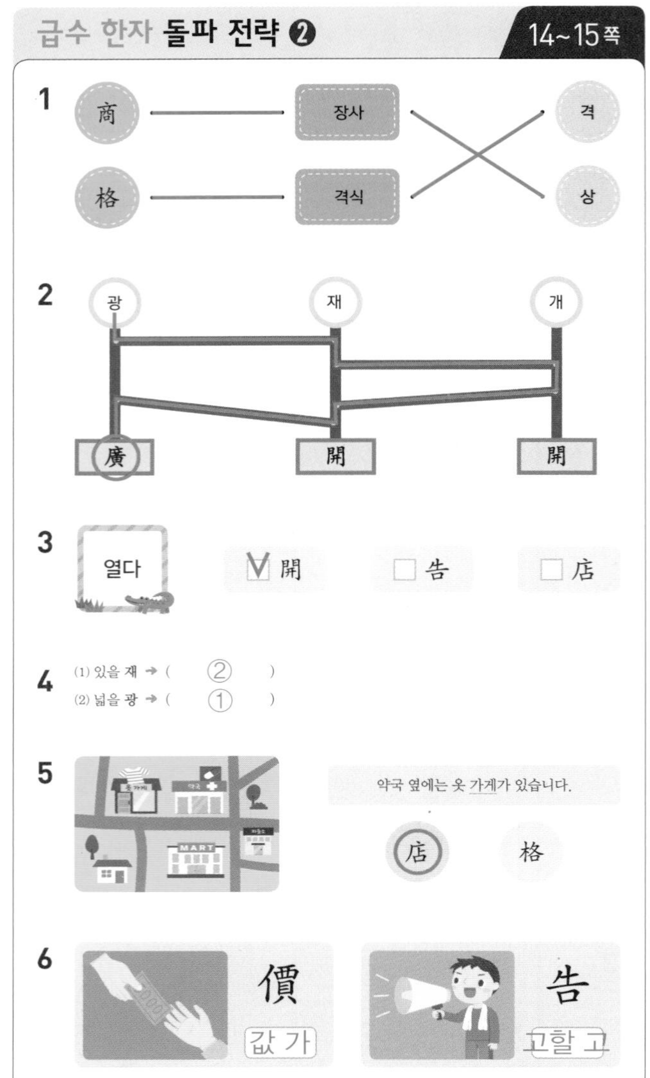

급수 한자 돌파 전략 ❷
14~15쪽
1
商
장사
격
格
격식
상
2
광
재
개
廣
開
開
3
열다
開
告
店
4
(1) 있을 재 → (②)
(2) 넓을 광 → (①)
5
약국 옆에는 옷 가게가 있습니다.
店
格
6
價
값 가
告
고할 고

2
씨
붓
種
具
品
筆
3
재물 재
財
셀 계
計
4
計
財
利
客
이할 리
손 객
재물 재
셀 계

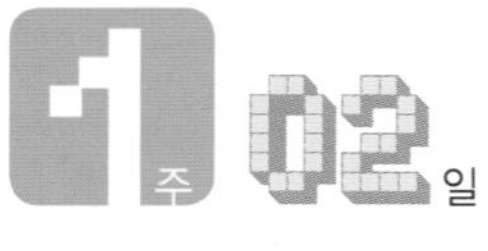

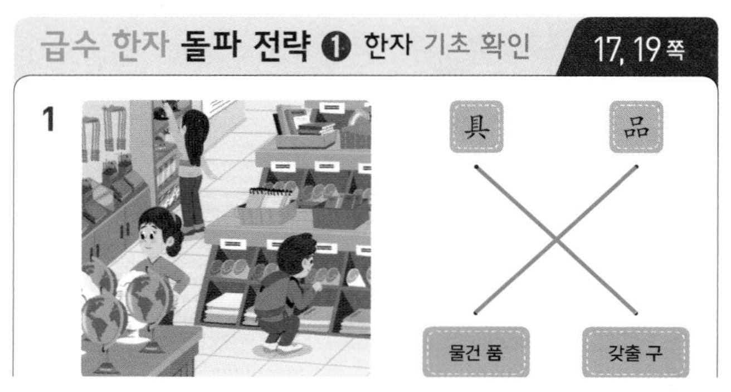

급수 한자 돌파 전략 ❶ 한자 기초 확인
17, 19쪽
1
具
品
물건 품
갖출 구

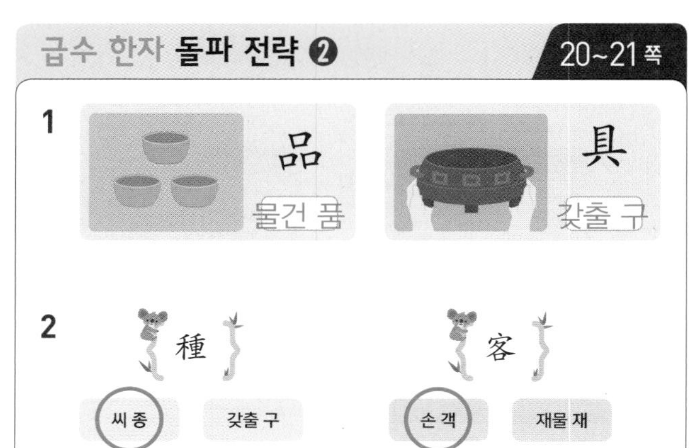

급수 한자 돌파 전략 ❷
20~21쪽
1
品
물건 품
具
갖출 구
2
種
씨 종
갖출 구
客
손 객
재물 재

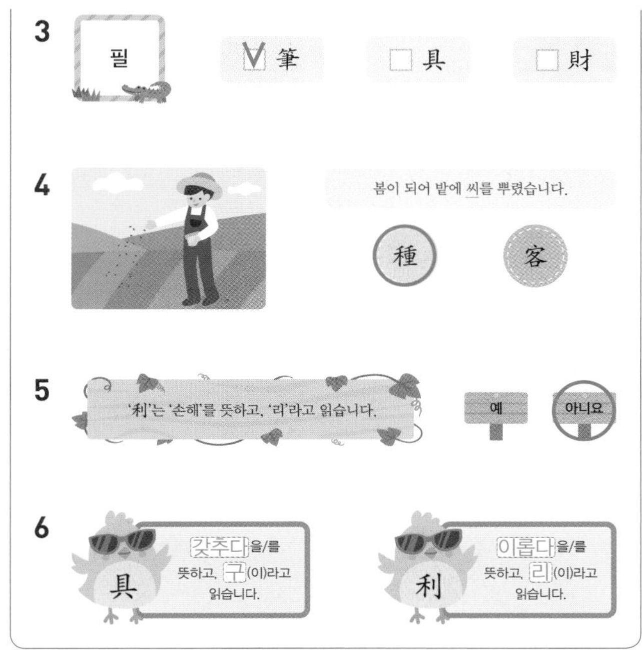

급수 한자어 대표 전략 ❷ 26~27쪽

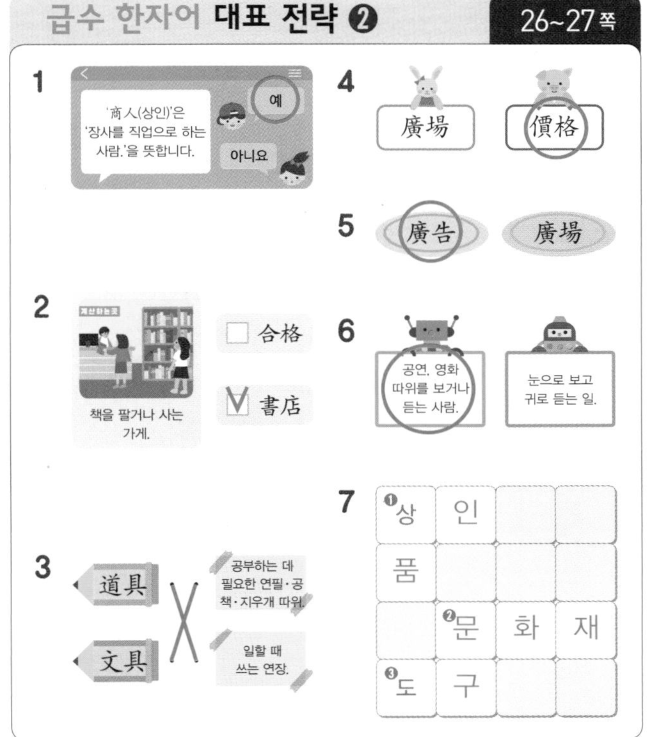

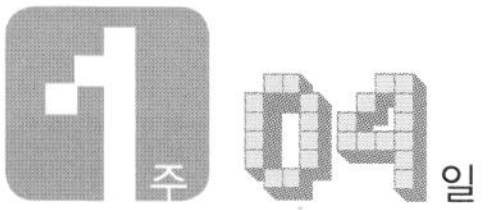

급수 시험 체크 전략 ❶ 28~31쪽

필수 예제 01

(1) 서점 (2) 광장 (3) 상품 (4) 문화재

필수 예제 02

(1) 장사 상 (3) 씨 종
(2) 값 가 (4) 재물 재

필수 예제 03

(1) ② (2) ④ (3) ① (4) ③

필수 예제 04

(1) 利 (2) 各 (3) 文 (4) 物

급수 시험 체크 전략 ❷ 32~33쪽

1 가격
2 문구
3 넓을 광
4 道
5 ①
6 広
7 ③
8 ②

누구나 만점 전략 34~35쪽

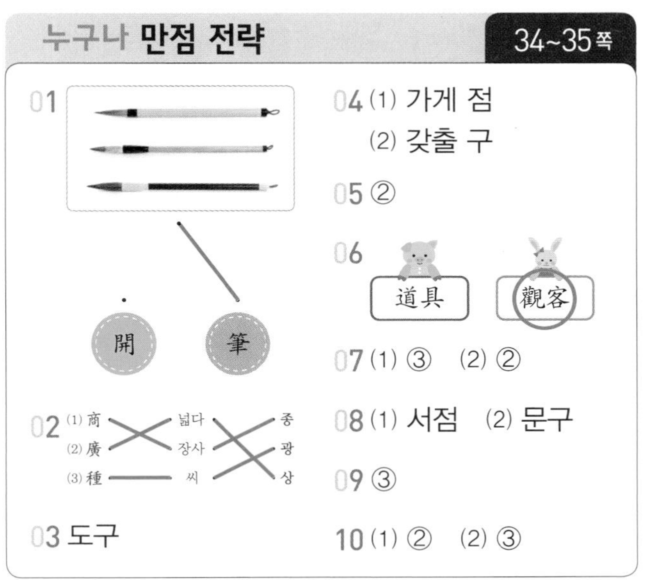

정답

창의•융합•코딩 전략 ❶ 36~37쪽

1 商 品 2 도구

창의•융합•코딩 전략 ❷ 38~41쪽

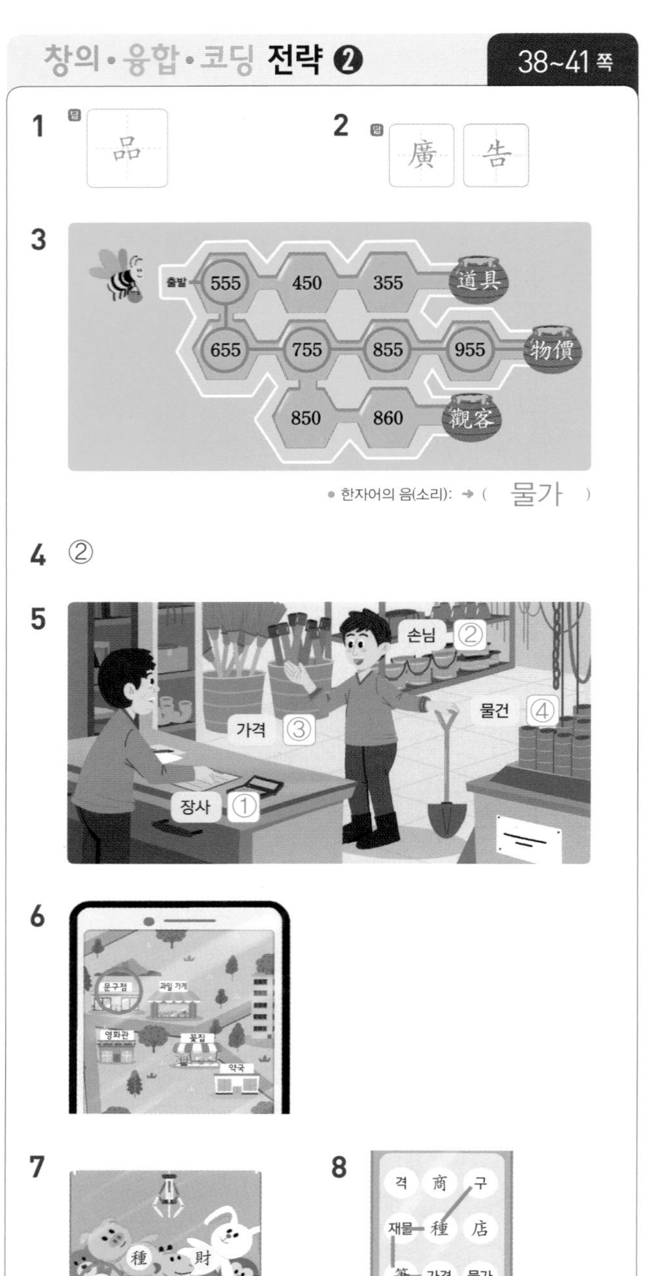

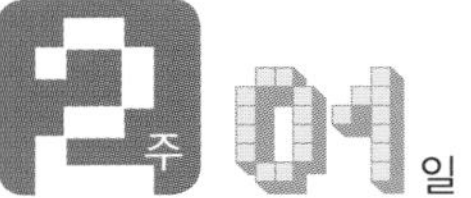

급수 한자 돌파 전략 ❶ 한자 기초 확인 45, 47쪽

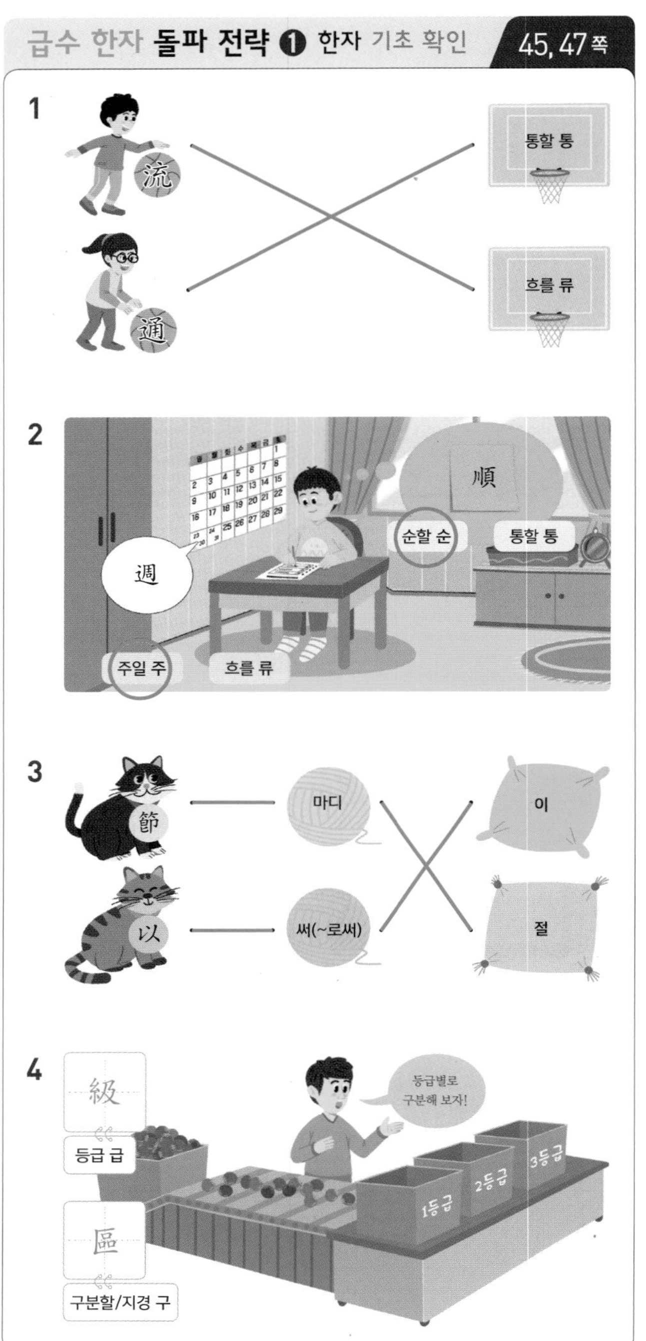

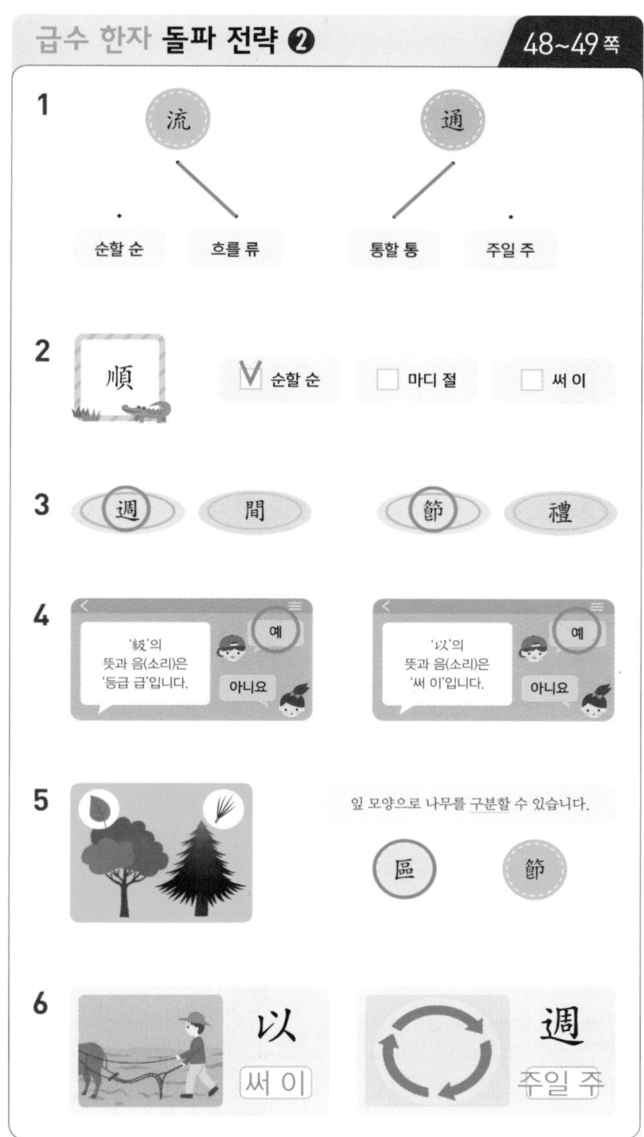
급수 한자 돌파 전략 ❷
48~49쪽
1
流
通
순할 순
흐를 류
통할 통
주일 주
2
順
순할 순
마디 절
써 이
3
週
間
節
禮
4
'級'의 뜻과 음(소리)은 '등급 급'입니다.
예
아니요
'以'의 뜻과 음(소리)은 '써 이'입니다.
예
아니요
5
잎 모양으로 나무를 구분할 수 있습니다.
區
節
6
以
써 이
週
주일 주

2 주 02 일

급수 한자 돌파 전략 ❶ 한자 기초 확인
51, 53쪽
1
'宅'의 뜻은 '집'입니다.
'宅'의 음(소리)은 '택'입니다.
'陸'의 뜻은 '뭍'입니다.
'陸'의 음(소리)은 '륭'입니다.
'陸'의 음(소리)은 '륙'입니다.
2
한자를 바르게 써 봐.
基
터 기
州
고을 주
3
海
바다 해
洋
큰바다 양
4
한자 '땅 지'와 '밝을 랑'을 쓰세요.
地, 洋
海, 朗
洋, 朗
地, 朗

정답

급수 한자 돌파 전략 ❷ 54~55쪽

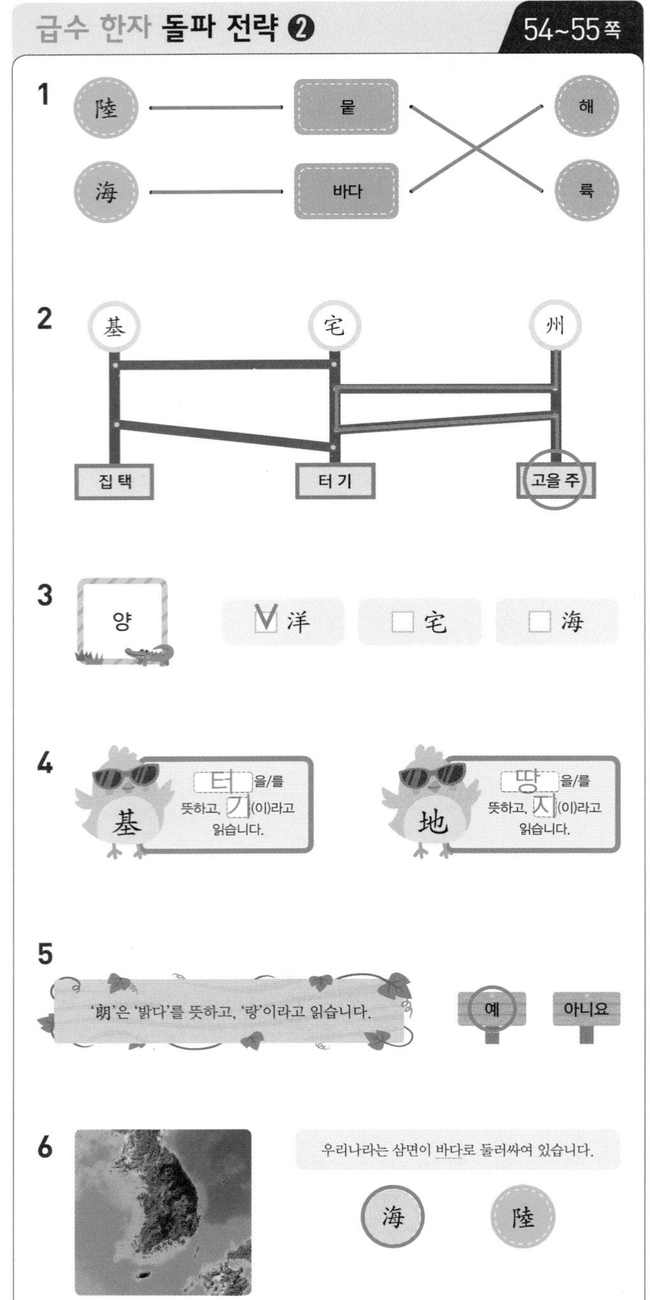

급수 한자어 대표 전략 ❷ 60~61쪽

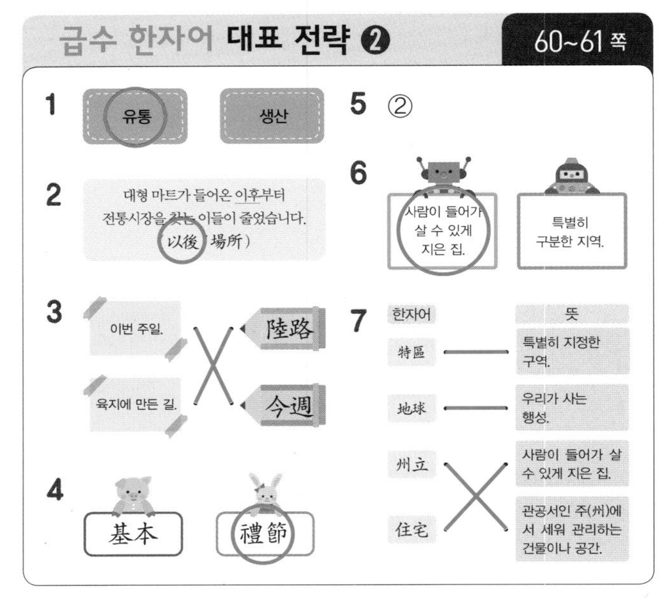

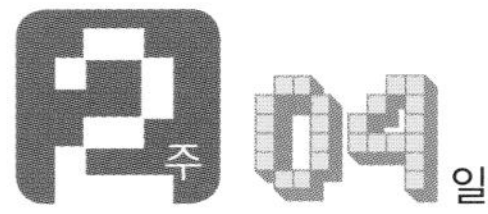

급수 시험 체크 전략 ❶ 62~65쪽

필수 예제 01

(1) 유통 (2) 예절 (3) 이후 (4) 주택

필수 예제 02

(1) 순할 순 (3) 터 기

(2) 뭍 륙 (4) 밝을 랑

필수 예제 03

(1) ③ (2) ① (3) ② (4) ④

필수 예제 04

(1) 海 (2) 明 (3) 本 (4) 立

급수 시험 체크 전략 ❷ 66~67쪽

1 금주
2 고급
3 흐를 류
4 地
5 ①
6 ③
7 ②
8 ②

누구나 만점 전략 68~69쪽

05 ①
06 ①
07 (1) ② (2) ③
08 (1) 예절 (2) 기본
09 ②
10 ①

창의•융합•코딩 전략 ❶ 70~71쪽

1 악성 댓글 달지 않기, 욕설, 과격한 표현 쓰지 않기, 사실이 아닌 내용 올리지 않기
2 쓰레기는 종류별로 구분해서 버려야 한다.

창의•융합•코딩 전략 ❷ 72~75쪽

1

• 첫 번째 한자의 음(소리) → (랑)
• 두 번째 한자의 음(소리) → (해)
• 세 번째 한자의 음(소리) → (륙)

2

3
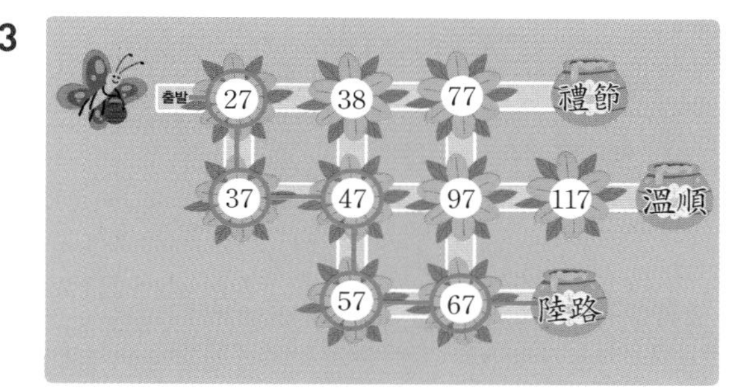

• 한자어의 음(소리) → (육로)

4

5

6

7 답 地 球

• 총 금액 → (1,700원)

8 해양

정답

적중 예상 전략 1회 82~85쪽

01 상품
02 만년필
03 가게 점
04 손 객
05 自動車
06 出土
07 登
08 聞
09 ④
10 ②
11 ②
12 ③
13 ③
14 ④
15 ④
16 ③

적중 예상 전략 2회 86~89쪽

01 해양
02 유통
03 마디 절
04 집 택
05 植木日
06 安全
07 海
08 計
09 ②
10 ④
11 ①
12 ④
13 ③
14 ②
15 ④
16 ①

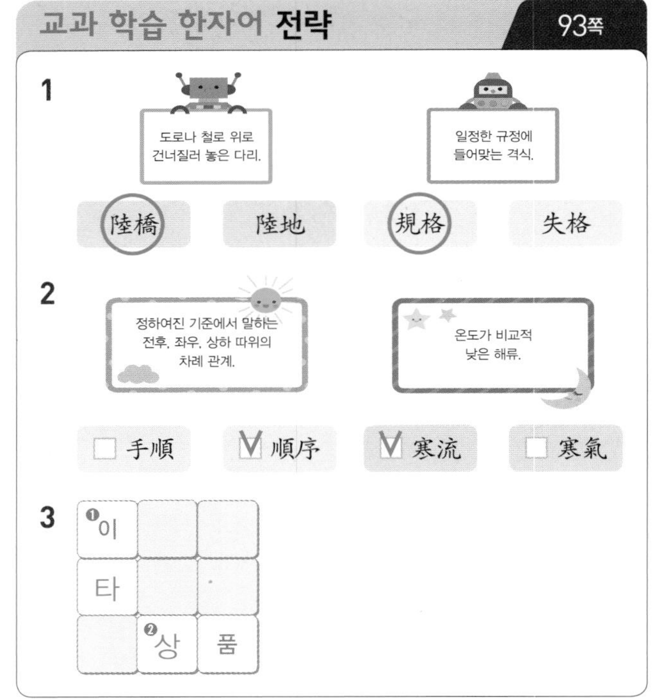

價	값 가	부수 人(亻) | 총 15획	丿 亻 亻 伒 伒 佈 佈 価 価 價 價 價 價 價 價
家	집 가	부수 宀 | 총 10획	丶 丶 宀 宀 宀 宇 宇 家 家 家
歌	노래 가	부수 欠 | 총 14획	一 丁 可 可 可 哥 哥 哥 哥 哥 哥 歌 歌 歌
各	각각 각	부수 口 | 총 6획	丿 ク 夂 夂 各 各
角	뿔 각	부수 角 | 총 7획	丿 ク 亇 角 角 角 角
間	사이 간	부수 門 | 총 12획	丨 冂 户 户 門 門 門 門 門 間 間 間
感	느낄 감	부수 心 | 총 13획	丿 厂 厂 后 后 后 咸 咸 咸 咸 感 感 感
強	강할 강	부수 弓 | 총 11획	乛 コ 弓 弘 弘 弘 弘 弘 強 強 強
江	강 강	부수 水(氵) | 총 6획	丶 冫 氵 汀 汀 江
開	열 개	부수 門 | 총 12획	丨 冂 户 户 門 門 門 門 門 閂 開 開

한자	뜻·음	부수 · 획수	필순
客	손 객	부수 宀 | 총 9획	丶 丷 宀 宀 夕 安 客 客 客
車	수레 차 | 수레 거	부수 車 | 총 7획	一 厂 𠮛 𠮛 亘 亘 車
格	격식 격	부수 木 | 총 9획	丶 丷 宀 宀 夕 安 客 客 客
見	볼 견 | 뵈올 현	부수 見 | 총 7획	丨 冂 月 月 目 貝 見
決	결단할 결	부수 水(氵) | 총 7획	丶 冫 氵 氵 汁 決 決
結	맺을 결	부수 糸 | 총 12획	幺 幺 幺 糸 糸 糸 紀 紂 結 結 結 結
敬	공경 경	부수 攴(攵) | 총 13획	一 十 卄 廾 艹 芍 芍 苟 苟 茍 茍 敬 敬
京	서울 경	부수 亠 | 총 8획	丶 亠 亠 亣 古 亨 亰 京
計	셀 계	부수 言 | 총 9획	丶 亠 亠 言 言 言 言 訁 計
界	지경 계	부수 田 | 총 9획	丨 冂 日 田 田 甲 畀 界 界

告	고할 고	부수 口 | 총 7획	丿 𠂉 𠂒 生 牛 告 告
高	높을 고	부수 高 | 총 10획	丶 亠 亠 亠 亠 亠 高 高 高 高
苦	쓸 고	부수 艸(⺿) | 총 9획	一 十 艹 艹 艹 艹 苦 苦 苦
古	예 고	부수 口 | 총 5획	一 十 十 古 古
功	공 공	부수 力 | 총 6획	一 十 廾 廾 共 共
公	공평할 공	부수 八 | 총 4획	丿 八 公 公
空	빌 공	부수 穴 | 총 8획	丶 丷 宀 穴 穴 空 空 空
工	장인 공	부수 工 | 총 3획	一 丅 工
共	한가지 공	부수 八 | 총 6획	一 十 廾 廾 共 共
課	공부할/과정 과	부수 言 | 총 15획	丶 亠 亠 言 言 言 言 言 訁 訁 訁 訁 課 課 課

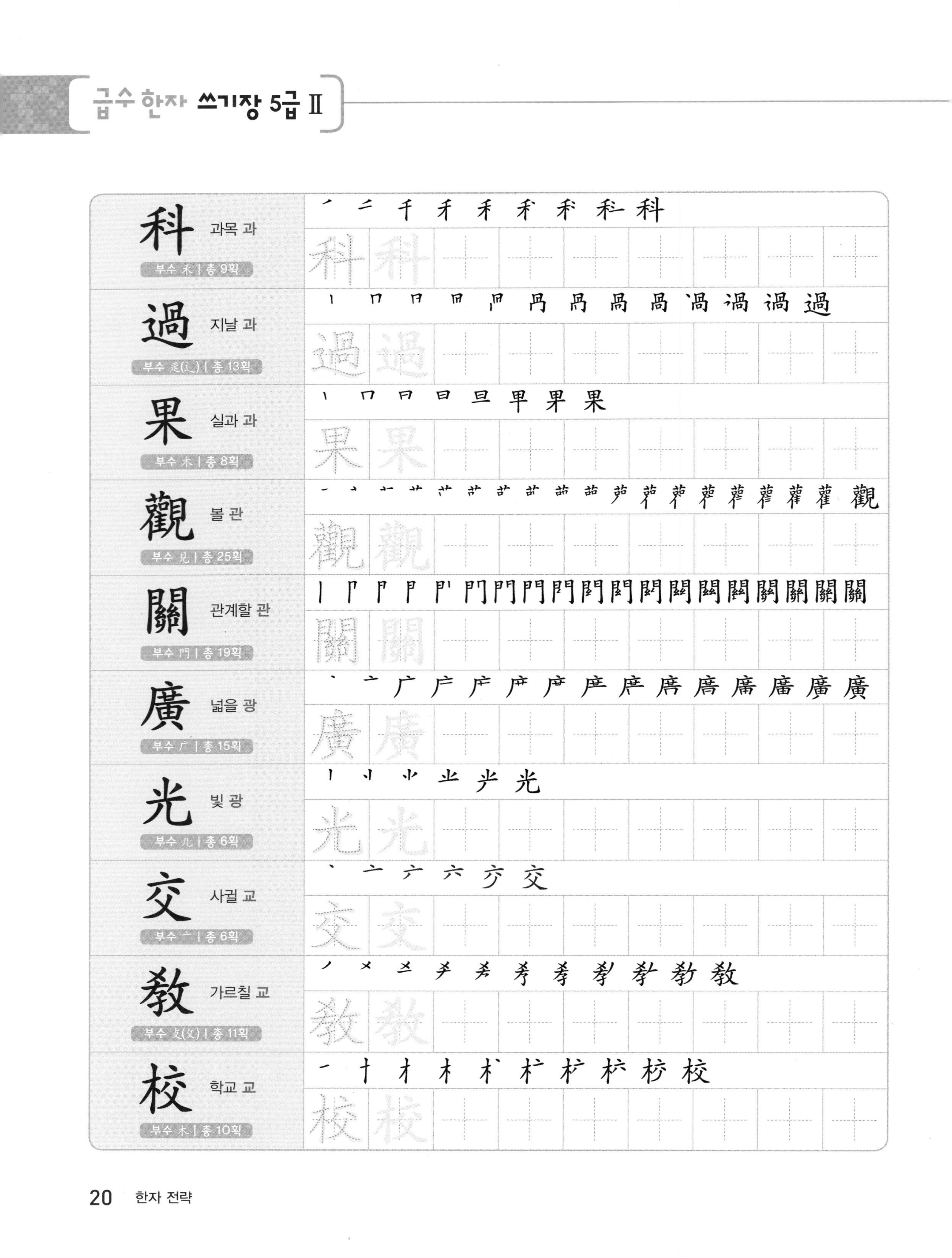

科	과목 과	부수 禾 | 총 9획
過	지날 과	부수 辵(辶) | 총 13획
果	실과 과	부수 木 | 총 8획
觀	볼 관	부수 見 | 총 25획
關	관계할 관	부수 門 | 총 19획
廣	넓을 광	부수 广 | 총 15획
光	빛 광	부수 儿 | 총 6획
交	사귈 교	부수 亠 | 총 6획
敎	가르칠 교	부수 攴(攵) | 총 11획
校	학교 교	부수 木 | 총 10획

具	갖출 구	부수 八 | 총 8획	丨 冂 月 月 目 且 具 具
球	공 구	부수 玉(王) | 총 11획	一 二 千 王 王一 玎 玎 球 球 球 球
區	구분할/지경 구	부수 匚 | 총 11획	一 匚 匚 匸 叵 叵 叵 叵 區 區 區
九	아홉 구	부수 乙(乚) | 총 2획	丿 九
舊	예 구	부수 臼 | 총 18획	一 十 卝 艹 艹 芢 芢 芢 萑 萑 萑 萑 萑 萑 萑 舊 舊 舊
口	입 구	부수 口 | 총 3획	丨 冂 口
局	판 국	부수 尸 | 총 7획	乛 コ 尸 局 局 局 局
國	나라 국	부수 囗 | 총 11획	丨 冂 冂 冂 冋 冋 冋 國 國 國 國
郡	고을 군	부수 邑(阝) | 총 10획	乛 ⺕ ⺕ 尹 尹 君 君 君 郡 郡
軍	군사 군	부수 車 | 총 9획	丶 冖 冖 冖 冝 冝 冝 宣 軍

한자	훈음	부수 / 총획	필순
根	뿌리 근	부수 木 | 총 10획	一 十 才 木 木ᄀ 杪 枹 根 根 根
近	가까울 근	부수 辵(辶) | 총 8획	㇒ 厂 斤 斤 䜣 䜣 䜣 近
今	이제 금	부수 人 | 총 4획	丿 人 亼 今
金	쇠 금 | 성 김	부수 金 | 총 8획	丿 人 亼 今 令 全 余 金
急	급할 급	부수 心 | 총 9획	丿 ㇇ 彐 刍 刍 刍 急 急 急
級	등급 급	부수 糸 | 총 10획	幺 幺 幺 糸 糸 糸 紉 紉 級 級
基	터 기	부수 土 | 총 11획	一 十 卄 廾 甘 其 其 其 基 基 基
己	몸 기	부수 己 | 총 3획	㇆ コ 己
旗	기 기	부수 方 | 총 14획	丶 亠 方 方 方 方 方 旂 旂 旂 旗 旗 旗 旗
記	기록할 기	부수 言 | 총 10획	丶 亠 亠 亠 言 言 言 訂 訂 記

氣	기운 기	부수 气 | 총 10획	丿 𠂉 𠂊 气 气 气 氕 氣 氣 氣
男	사내 남	부수 田 | 총 7획	丨 冂 冃 田 田 男 男
南	남녘 남	부수 十 | 총 9획	一 十 𠂇 冇 冇 冇 南 南 南
內	안 내	부수 入 | 총 4획	丨 冂 内 內
女	여자 녀	부수 女 | 총 3획	𡿨 女 女
年	해 년	부수 干 | 총 6획	丿 𠂉 𠂉 𠂉 𠂉 年
念	생각 념	부수 心 | 총 8획	丿 人 𠆢 今 今 念 念 念
農	농사 농	부수 辰 | 총 13획	丨 冂 冂 冃 曲 曲 曲 農 農 農 農 農 農
能	능할 능	부수 肉(月) | 총 10획	𠃋 厶 㐬 育 育 育 育 能 能 能
多	많을 다	부수 夕 | 총 6획	丿 ク 夕 夕 多 多

團	둥글 단	부수 囗 | 총 14획	丨 冂 冂 冂 冋 冋 囘 囘 圉 圉 圍 圑 團 團
短	짧은 단	부수 矢 | 총 12획	丿 𠂉 𠂉 午 矢 矢 矩 矩 短 短 短 短
答	대답 답	부수 竹(⺮) | 총 12획	丿 𠂉 𠂉 竹 竹 竹 笁 笞 笞 答 答 答
當	마땅 당	부수 田 | 총 13획	丨 丨 ⺌ ⺌ 尚 尚 尚 尚 當 當 當 當 當
堂	집 당	부수 土 | 총 11획	丨 丨 ⺌ ⺌ 尚 尚 尚 尚 堂 堂 堂
代	대신할 대	부수 人(亻) | 총 5획	丿 亻 亻 代 代
對	대할 대	부수 寸 | 총 14획	丨 丨 丨 业 业 业 业 业 丵 丵 丵 丵 對 對
待	기다릴 대	부수 彳 | 총 9획	丿 彡 彳 彳 往 往 待 待 待
大	큰 대	부수 大 | 총 3획	一 ナ 大
德	큰 덕	부수 彳 | 총 15획	丿 彡 彳 彳 彳 彳 彳 德 德 德 德 德 德 德 德

圖	그림 도	부수 囗 | 총 14획
道	길 도	부수 辵(辶) | 총 13획
度	법도 도 | 헤아릴 탁	부수 广 | 총 9획
到	이를 도	부수 刀(刂) | 총 8획
讀	읽을 독 | 구절 두	부수 言 | 총 22획
獨	홀로 독	부수 犬(犭) | 총 16획
冬	겨울 동	부수 冫 | 총 5획
洞	골 동 | 밝을 통	부수 水(氵) | 총 9획
東	동녘 동	부수 木 | 총 8획
童	아이 동	부수 立 | 총 12획

한자	훈음	부수 / 총획	필순
動	움직일 동	부수 力 | 총 11획	動
同	한가지 동	부수 口 | 총 6획	同
頭	머리 두	부수 頁 | 총 16획	頭
等	무리 등	부수 竹(⺮) | 총 12획	等
登	오를 등	부수 癶 | 총 12획	登
樂	즐길 락 | 노래 악 | 좋아할 요	부수 木 | 총 15획	樂
朗	밝을 랑	부수 月 | 총 11획	朗
來	올 래	부수 人 | 총 8획	來
良	어질 량	부수 艮 | 총 7획	良
旅	나그네 려	부수 方 | 총 10획	旅

한자	훈음	부수 / 총획
歷	지날 력	부수 止 | 총 16획
力	힘 력	부수 力 | 총 2획
練	익힐 련	부수 糸 | 총 15획
例	법식 례	부수 人(亻) | 총 8획
禮	예도 례	부수 示 | 총 18획
路	길 로	부수 足(⻊) | 총 13획
老	늙을 로	부수 老 | 총 6획
勞	일할 로	부수 力 | 총 12획
綠	푸를 록	부수 糸 | 총 14획
類	무리 류	부수 頁 | 총 19획

한자	필순
流 흐를 류 부수 水(氵) | 총 10획	流
陸 뭍 륙 부수 阜(阝) | 총 11획	陸
六 여섯 륙 부수 八 | 총 4획	六
理 다스릴 리 부수 玉(王) | 총 11획	理
里 마을 리 부수 里 | 총 7획	里
李 오얏/성 리 부수 木 | 총 7획	李
利 이할 리 부수 刀(刂) | 총 7획	利
林 수풀 림 부수 木 | 총 8획	林
立 설 립 부수 立 | 총 5획	立
萬 일만 만 부수 艸(艹) | 총 13획	萬

한자	훈음	부수 / 총획
望	바랄 망	부수 月 | 총 11획
每	매양 매	부수 母 | 총 7획
面	낯 면	부수 面 | 총 9획
命	목숨 명	부수 口 | 총 8획
明	밝을 명	부수 日 | 총 8획
名	이름 명	부수 口 | 총 6획
母	어머니 모	부수 母 | 총 5획
目	눈 목	부수 目 | 총 5획
木	나무 목	부수 木 | 총 4획
文	글월 문	부수 文 | 총 4획

한자	훈음	부수 / 총획
聞	들을 문	부수 耳 | 총 14획
門	문 문	부수 門 | 총 8획
問	물을 문	부수 口 | 총 11획
物	물건 물	부수 牛 | 총 8획
米	쌀 미	부수 米 | 총 6획
美	아름다울 미	부수 羊 | 총 9획
民	백성 민	부수 氏 | 총 5획
朴	성 박	부수 木 | 총 6획
班	나눌 반	부수 玉(王) | 총 10획
反	돌이킬/돌아올 반	부수 又 | 총 4획

한자	훈음	부수 / 총획
半	반 반	부수 十 | 총 5획
發	필 발	부수 癶 | 총 12획
放	놓을 방	부수 攴(攵) | 총 8획
方	모 방	부수 方 | 총 4획
百	일백 백	부수 白 | 총 6획
白	흰 백	부수 白 | 총 5획
番	차례 번	부수 田 | 총 12획
法	법 법	부수 水(氵) | 총 8획
變	변할 변	부수 言 | 총 23획
別	다를/나눌 별	부수 刀(刂) | 총 7획

한자	필순
兵 병사 병 (부수 八 | 총 7획)	兵
病 병 병 (부수 疒 | 총 10획)	病
福 복 복 (부수 示 | 총 14획)	福
服 옷 복 (부수 月 | 총 8획)	服
本 근본 본 (부수 木 | 총 5획)	一 十 才 木 本
奉 받들 봉 (부수 大 | 총 8획)	奉
部 떼 부 (부수 邑(阝) | 총 11획)	部
夫 지아비 부 (부수 大 | 총 4획)	一 二 夫 夫
父 아버지 부 (부수 父 | 총 4획)	父
北 북녘 북 | 달아날 배 (부수 匕 | 총 5획)	北

分	나눌 분	부수 刀 | 총 4획	丿 八 分 分
不	아닐 불	부수 一 | 총 4획	一 丆 不 不
四	넉 사	부수 口 | 총 5획	丨 冂 四 四 四
社	모일 사	부수 示 | 총 8획	一 二 亍 亓 示 社 社 社
史	사기 사	부수 口 | 총 5획	丨 口 口 史 史
士	선비 사	부수 士 | 총 3획	一 十 士
仕	섬길 사	부수 人(亻) | 총 5획	丿 亻 仁 什 仕
事	일 사	부수 亅 | 총 8획	一 一 ... 事
死	죽을 사	부수 歹 | 총 6획	一 厂 歹 歹 死 死
使	하여금/부릴 사	부수 人(亻) | 총 8획	丿 亻 亻 亻 伃 佢 使 使

產	낳을 산	부수 生 | 총 11획	、 亠 亣 产 产 产 产 产 产 産 產
算	셈 산	부수 竹(⺮) | 총 14획	丿 𠂉 ⺮ 竹 竹 竹 竹 竹 竹 笛 笛 筫 筫 算
山	메 산	부수 山 | 총 3획	丨 山 山
三	석 삼	부수 一 | 총 3획	一 二 三
商	장사 상	부수 口 | 총 11획	、 亠 亠 产 产 产 产 商 商 商 商
相	서로 상	부수 目 | 총 9획	一 十 才 木 朩 机 相 相 相
上	윗 상	부수 一 | 총 3획	丨 卜 上
色	빛 색	부수 色 | 총 6획	丿 ク 乌 台 刍 色
生	날 생	부수 生 | 총 5획	丿 𠂉 𠂉 牛 生
書	글 서	부수 曰 | 총 10획	乛 ⺕ ⺕ ⺕ 聿 聿 聿 書 書 書

한자	훈음	부수 / 총획	필순
西	서녘 서	부수 襾 | 총 6획	一 ㄏ 𠃍 丙 两 西
石	돌 석	부수 石 | 총 5획	一 ㄏ 不 石 石
席	자리 석	부수 巾 | 총 10획	丶 亠 广 广 庐 庐 庐 庐 席 席
夕	저녁 석	부수 夕 | 총 3획	ノ ク 夕
鮮	고울 선	부수 魚 | 총 17획	ノ ⺈ 𠂊 各 各 角 角 角 魚 魚 魚 魚 魚' 鮮 鮮 鮮 鮮
先	먼저 선	부수 儿 | 총 6획	ノ 𠂉 牛 生 先 先
仙	신선 선	부수 人(亻) | 총 5획	ノ 亻 仆 仙 仙
線	줄 선	부수 糸 | 총 15획	𠃋 幺 幺 糸 糸 糸 糸' 糸' 約 約 線 線 線 線 線
雪	눈 설	부수 雨 | 총 11획	一 ㄏ 帀 币 币 雨 雨 雨 雪 雪 雪
說	말씀 설 | 달랠 세	부수 言 | 총 14획	丶 亠 亠 言 言 言 言 言 言' 訁 説 說 說 說

省	살필 성 | 덜 생	부수 目 | 총 9획	省 省 省 省 省 省 省 省 省
姓	성 성	부수 女 | 총 8획	姓 姓 姓 姓 姓 姓 姓 姓
性	성품 성	부수 心(忄) | 총 8획	性 性 性 性 性 性 性 性
成	이룰 성	부수 戈 | 총 7획	成 成 成 成 成 成 成
洗	씻을 세	부수 水(氵) | 총 9획	洗 洗 洗 洗 洗 洗 洗 洗 洗
歲	해 세	부수 止 | 총 13획	歲 歲 歲 歲 歲 歲 歲 歲 歲 歲 歲 歲 歲
世	인간 세	부수 一 | 총 5획	一 十 廿 卅 世
所	바 소	부수 戶 | 총 8획	所 所 所 所 所 所 所 所
消	사라질 소	부수 水(氵) | 총 10획	消 消 消 消 消 消 消 消 消 消
小	작을 소	부수 小 | 총 3획	亅 小 小

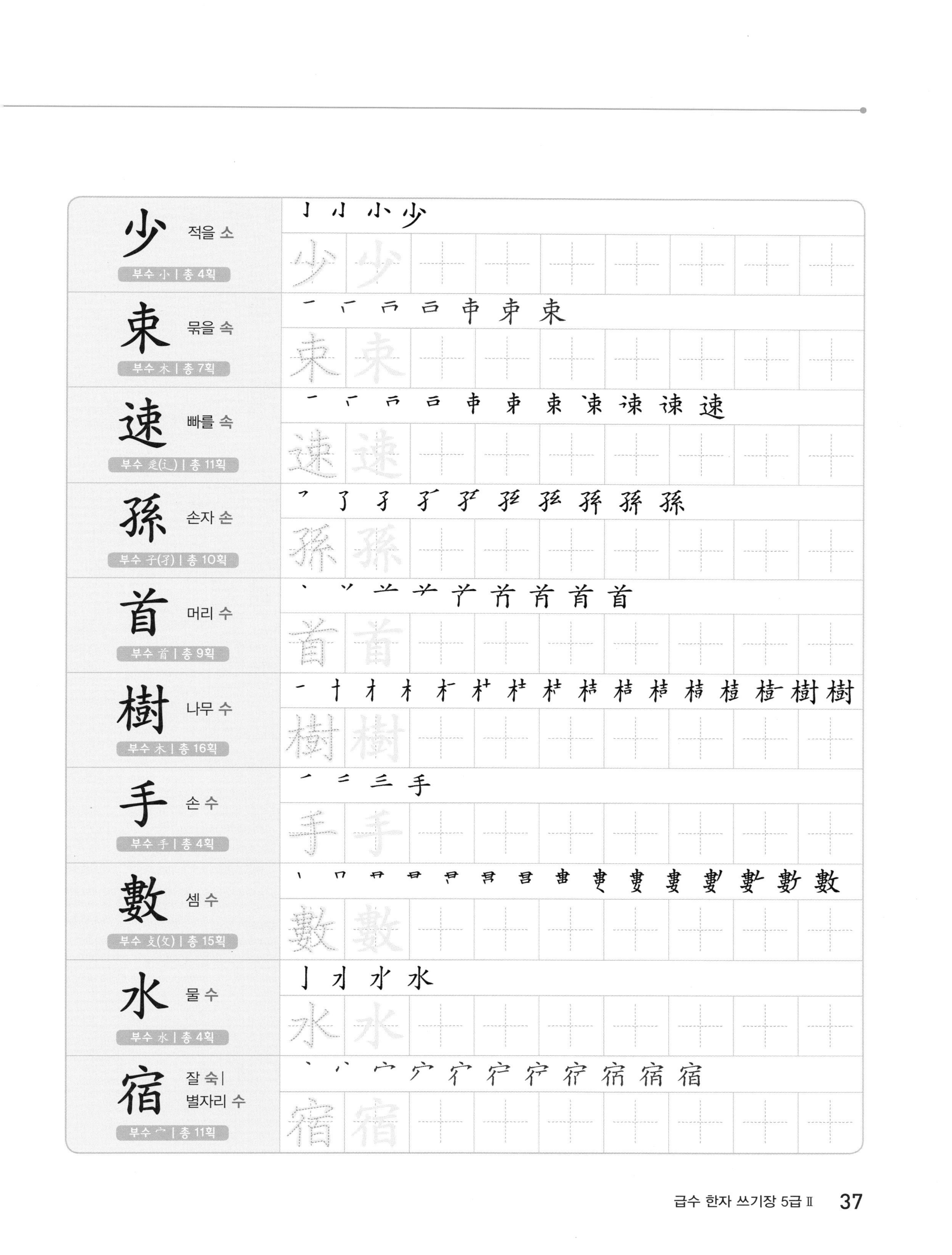

한자	훈음	부수	총획
少	적을 소	小	총 4획
束	묶을 속	木	총 7획
速	빠를 속	辵(辶)	총 11획
孫	손자 손	子(孑)	총 10획
首	머리 수	首	총 9획
樹	나무 수	木	총 16획
手	손 수	手	총 4획
數	셈 수	攴(攵)	총 15획
水	물 수	水	총 4획
宿	잘 숙 | 별자리 수	宀	총 11획

順	순할 순	부수 頁 | 총 12획	丿 川 川 川 川 川 順 順 順 順 順 順
術	재주 술	부수 行 | 총 11획	丿 彳 彳 彳 術 術 術 術 術 術 術
習	익힐 습	부수 羽 | 총 11획	习 习 习 習 習 習 習 習 習 習 習
勝	이길 승	부수 力 | 총 12획	丿 月 月 月 月 月 月 月 勝 勝 勝 勝
時	때 시	부수 日 | 총 10획	丨 日 日 日 日 旪 旪 時 時 時
始	비로소 시	부수 女 | 총 8획	𡿨 女 女 女 始 始 始 始
市	저자 시	부수 巾 | 총 5획	丶 亠 亠 市 市
食	밥/먹을 식	부수 食 | 총 9획	丿 人 人 今 今 今 食 食 食
式	법 식	부수 弋 | 총 6획	一 二 三 式 式 式
植	심을 식	부수 木 | 총 12획	一 十 才 木 木 木 朩 柿 植 植 植 植

識	알 식	부수 言 | 총 19획	丶 亠 亡 言 言 言 言 言' 言' 言' 訁 訁 訁 諳 諳 諳 識 識 識
臣	신하 신	부수 臣 | 총 6획	一 丅 𠃊 五 臣 臣
神	귀신 신	부수 示 | 총 10획	一 二 亍 示 礻 礻 礻 礽 祀 神
身	몸 신	부수 身 | 총 7획	ノ 丨 介 自 自 身 身
信	믿을 신	부수 人(亻) | 총 9획	ノ 亻 亻 亻 亻 仨 信 信 信
新	새 신	부수 斤 | 총 13획	丶 亠 亠 亣 立 立 辛 辛 亲 亲 新 新 新
實	열매 실	부수 宀 | 총 14획	丶 丶 宀 宀 宀 宀 宀 宀 宀 實 實 實 實 實
失	잃을 실	부수 大 | 총 5획	ノ 𠂉 二 生 失
室	집 실	부수 宀 | 총 9획	丶 丶 宀 宀 宀 宀 宀 室 室
心	마음 심	부수 心 | 총 4획	丶 心 心 心

한자	훈음	부수 / 총획
十	열 십	부수 十 | 총 2획
兒	아이 아	부수 儿 | 총 8획
惡	악할 악 | 미워할 오	부수 心 | 총 12획
安	편안 안	부수 宀 | 총 6획
愛	사랑 애	부수 心 | 총 13획
夜	밤 야	부수 夕 | 총 8획
野	들 야	부수 里 | 총 11획
約	맺을 약	부수 糸 | 총 9획
藥	약 약	부수 艸(⺾) | 총 19획
弱	약할 약	부수 弓 | 총 10획

養 기를 양 부수 食 | 총 15획	養
陽 볕 양 부수 阜(阝) | 총 12획	陽
洋 큰바다 양 부수 水(氵) | 총 9획	洋
語 말씀 어 부수 言 | 총 14획	語
言 말씀 언 부수 言 | 총 7획	言
業 업 업 부수 木 | 총 13획	業
然 그럴 연 부수 火(灬) | 총 12획	然
永 길 영 부수 水 | 총 5획	永
英 꽃부리 영 부수 艸(艹) | 총 9획	英
午 낮 오 부수 十 | 총 4획	午

五	다섯 오	부수 二 | 총 4획	一 丅 五 五
溫	따뜻할 온	부수 水(氵) | 총 13획	丶 冫 氵 氵 氾 泗 泗 泗 渭 溫 溫 溫 溫
王	임금 왕	부수 玉(王) | 총 4획	一 二 干 王
外	바깥 외	부수 夕 | 총 5획	ノ ク 夕 夘 外
要	요긴할 요	부수 襾 | 총 9획	一 𠀀 丙 襾 襾 西 要 要 要
勇	날랠 용	부수 力 | 총 9획	乛 マ 內 丙 丙 甬 甬 勇 勇
用	쓸 용	부수 用 | 총 5획	丿 冂 月 月 用
友	벗 우	부수 又 | 총 4획	一 ナ 方 友
雨	비 우	부수 雨 | 총 8획	一 厂 币 币 币 雨 雨 雨
右	오를/오른(쪽) 우	부수 口 | 총 5획	ノ ナ 才 右 右

雲	구름 운	부수 雨 | 총 12획	一 𠂆 帀 帀 帀 雨 雨 雨 雲 雲 雲 雲
運	옮길 운	부수 辵(辶) | 총 13획	丶 冖 冖 冖 冖 冖 冒 冒 軍 軍 渾 運 運
園	동산 원	부수 囗 | 총 13획	丨 冂 冂 冂 冂 冂 冂 冂 冂 冂 冂 園 園
遠	멀 원	부수 辵(辶) | 총 14획	一 十 土 土 吉 吉 吉 吉 袁 袁 袁 遠 遠 遠
元	으뜸 원	부수 儿 | 총 4획	一 二 亍 元
月	달 월	부수 月 | 총 4획	丿 刀 月 月
偉	클 위	부수 人(亻) | 총 11획	丿 亻 亻 亻 亻 亻 亻 亻 亻 亻 偉
油	기름 유	부수 水(氵) | 총 8획	丶 冫 氵 氵 汩 汩 由 油
由	말미암을 유	부수 田 | 총 5획	丨 冂 曰 由 由
有	있을 유	부수 月 | 총 6획	丿 ナ 才 有 有 有

한자	훈음	부수 / 총획
育	기를 육	부수 肉(月) | 총 8획
銀	은 은	부수 金 | 총 14획
飮	마실 음	부수 食(飠) | 총 13획
音	소리 음	부수 音 | 총 9획
邑	고을 읍	부수 邑 | 총 7획
意	뜻 의	부수 心 | 총 13획
衣	옷 의	부수 衣 | 총 6획
醫	의원 의	부수 酉 | 총 18획
二	두 이	부수 二 | 총 2획
以	써 이	부수 人 | 총 5획

人	사람 인	부수 人 | 총 2획	丿 人
任	맡길 임	부수 人(亻) | 총 6획	丿 亻 亻 仁 任 任
一	한 일	부수 一 | 총 1획	一
日	날 일	부수 日 | 총 4획	丨 冂 月 日
入	들 입	부수 入 | 총 2획	丿 入
字	글자 자	부수 子 | 총 6획	丶 丶 宀 宀 字 字
者	사람 자	부수 老(耂) | 총 9획	一 十 土 耂 耂 者 者 者 者
自	스스로 자	부수 自 | 총 6획	丿 丨 白 白 自 自
子	아들 자	부수 子 | 총 3획	乛 了 子
昨	어제 작	부수 日 | 총 9획	丨 冂 日 日 日 日 昨 昨 昨

作	지을 작	부수 人(亻) | 총 7획	丿 亻 亻' 亻ケ 作 作 作
章	글 장	부수 立 | 총 11획	丶 亠 亠 立 立 产 音 音 音 章 章
長	긴 장	부수 長 | 총 8획	丨 厂 F F 트 長 長 長
場	마당 장	부수 土 | 총 12획	一 十 土 圵 坦 坦 坦 坦 埋 埸 場 場
在	있을 재	부수 土 | 총 6획	一 ナ 才 右 在 在
材	재목 재	부수 木 | 총 7획	一 十 才 木 朩 村 材
財	재물 재	부수 貝 | 총 10획	丨 冂 月 月 目 貝 貝 貝 財 財
才	재주 재	부수 手(扌) | 총 3획	一 十 才
的	과녁 적	부수 白 | 총 8획	丿 亻 冇 白 白 白' 的 的
電	번개 전	부수 雨 | 총 13획	一 𠂉 亠 币 币 雨 雨 雨 雨 雨 霄 雷 電

한자	훈음	부수 / 총획
典	법 전	부수 八 | 총 8획
戰	싸움 전	부수 戈 | 총 16획
前	앞 전	부수 刀(刂) | 총 9획
全	온전 전	부수 入 | 총 6획
傳	전할 전	부수 人(亻) | 총 13획
展	펼 전	부수 尸 | 총 10획
切	끊을 절 | 온통 체	부수 刀 | 총 4획
節	마디 절	부수 竹(⺮) | 총 15획
店	가게 점	부수 广 | 총 8획
情	뜻 정	부수 心(忄) | 총 11획

庭	뜰 정	부수 广 | 총 10획	丶 亠 广 广 庄 庄 庄 庭 庭 庭
正	바를 정	부수 止 | 총 5획	一 丅 下 正 正
定	정할 정	부수 宀 | 총 8획	丶 丶 宀 宀 宁 宇 定 定
弟	아우 제	부수 弓 | 총 7획	丶 丷 当 当 肖 弟 弟
題	제목 제	부수 頁 | 총 18획	丨 口 日 日 旦 早 早 是 是 是 是 是 題 題 題 題 題 題
第	차례 제	부수 竹(⺮) | 총 11획	丿 ⺈ ⺮ ⺮ ⺮ ⺮ 笃 笃 笃 第 第
調	고를 조	부수 言 | 총 15획	丶 亠 亠 言 言 言 言 訁 訂 訂 訊 調 調 調 調
朝	아침 조	부수 月 | 총 12획	一 十 十 古 古 吉 直 卓 卓 朝 朝 朝
祖	할아버지 조	부수 示 | 총 10획	一 二 亍 亍 示 礻 祁 祁 祖 祖
族	겨레 족	부수 方 | 총 11획	丶 亠 亠 方 方 方 方 方 族 族 族

足	발 족	부수 足 | 총 7획	丶 ㇇ 口 卩 早 ⻊ 足
卒	마칠 졸	부수 十 | 총 8획	丶 亠 广 ⺈ ⺈ ⺈ 𠫭 卒
種	씨 종	부수 禾 | 총 14획	丿 ⺧ 千 禾 禾 禾 禾 禾 種 種 種 種 種 種
左	왼 좌	부수 工 | 총 5획	一 ナ 𠂇 左 左
州	고을 주	부수 巛 | 총 6획	丶 丿 ⺌ 州 州 州
週	주일 주	부수 辵(辶) | 총 12획	丿 冂 月 円 用 周 周 周 周 调 调 週
晝	낮 주	부수 日 | 총 11획	㇇ ⺕ ⺕ 聿 聿 聿 聿 書 書 書 晝
注	부을 주	부수 水(氵) | 총 8획	丶 丶 氵 氵 氵 汼 汼 注
主	임금/주인 주	부수 丶 | 총 5획	丶 亠 亠 丰 主
住	살 주	부수 人(亻) | 총 7획	丿 亻 亻 亻 亻 仹 住

中	가운데 중	부수 丨 | 총 4획	丨 冂 口 中
重	무거울 중	부수 里 | 총 9획	丿 二 千 肀 台 亩 盲 重 重
知	알 지	부수 矢 | 총 8획	丿 𠂉 𠂉 午 矢 知 知 知
地	땅 지	부수 土 | 총 6획	一 十 土 圳 坤 地
紙	종이 지	부수 糸 | 총 10획	幺 幺 幺 糸 糸 糸 糹 紅 紙 紙
直	곧을 직	부수 目 | 총 8획	一 十 𠂇 冇 冇 有 直 直
質	바탕 질	부수 貝 | 총 15획	𠂉 厂 斤 斤 斤 斦 斦 斦 所 質 質 質 質 質 質
集	모을 집	부수 隹 | 총 12획	丿 亻 亻 亻 亻 伫 佳 佳 隹 隼 集 集
着	붙을 착	부수 目 | 총 12획	丶 丷 䒑 兰 羊 羊 差 羊 着 着 着 着
參	참여할 참	부수 厶 | 총 11획	厶 厶 厶 厶 厽 厽 叁 叁 叄 參 參

窓	창 창	부수 穴 | 총 11획	丶 ⺍ 宀 穵 穵 空 空 窂 窓 窓 窓
責	꾸짖을 책	부수 貝 | 총 11획	一 = 丰 圭 丰 青 青 青 青 貢 責
川	내 천	부수 巛 | 총 3획	丿 川 川
千	일천 천	부수 十 | 총 3획	丿 二 千
天	하늘 천	부수 大 | 총 4획	一 二 チ 天
清	맑을 청	부수 水(氵) | 총 11획	丶 丶 氵 氵 氵 氵 洼 洼 清 清 清
青	푸를 청	부수 青 | 총 8획	一 = 丰 圭 丰 青 青 青
體	몸 체	부수 骨 | 총 23획	骨 骨 骨 骨 骨 骨 骨 骨 骨 體 體 體 體 體
草	풀 초	부수 艸(艹) | 총 10획	一 十 艹 艹 艹 节 苩 苩 荁 草
寸	마디 촌	부수 寸 | 총 3획	一 寸 寸

村	마을 촌	부수 木 | 총 7획	一 十 才 木 木一 村 村
秋	가을 추	부수 禾 | 총 9획	丿 二 千 禾 禾 禾 禾丶 秋 秋
春	봄 춘	부수 日 | 총 9획	一 二 三 夫 夫 夫 春 春 春
出	날 출	부수 凵 | 총 5획	丨 屮 屮 出 出
充	채울 충	부수 儿 | 총 6획	丶 亠 亠 云 产 充
親	친할 친	부수 見 | 총 16획	丶 亠 亠 立 立 立 辛 辛 亲 亲 親 親 親 親 親 親
七	일곱 칠	부수 一 | 총 2획	一 七
太	클 태	부수 大 | 총 4획	一 ナ 大 太
宅	집 택	부수 宀 | 총 6획	丶 丶 宀 宀 宀 宅
土	흙 토	부수 土 | 총 3획	一 十 土

通	통할 통	부수 辵(辶) | 총 11획
特	특별할 특	부수 牛 | 총 10획
八	여덟 팔	부수 八 | 총 2획
便	편할 편 | 똥오줌 변	부수 人(亻) | 총 9획
平	평평할 평	부수 干 | 총 5획
表	겉 표	부수 衣 | 총 8획
品	물건 품	부수 口 | 총 9획
風	바람 풍	부수 風 | 총 9획
必	반드시 필	부수 心 | 총 5획
筆	붓 필	부수 竹(⺮) | 총 12획

한자	뜻과 음	부수 / 총획
下	아래 하	부수 一 | 총 3획
夏	여름 하	부수 夊 | 총 10획
學	배울 학	부수 子 | 총 16획
韓	한국/나라 한	부수 韋 | 총 17획
漢	한수/한나라 한	부수 水(氵) | 총 14획
合	합할 합	부수 口 | 총 6획
海	바다 해	부수 水(氵) | 총 10획
害	해할 해	부수 宀 | 총 10획
行	다닐 행 | 항렬 항	부수 行 | 총 6획
幸	다행 행	부수 干 | 총 8획

한자	훈음	부수 / 총획	필순
向	향할 향	부수 口 | 총 6획	丿 丿 冂 向 向 向
現	나타날 현	부수 玉(王) | 총 11획	一 二 干 王 玎 玑 玑 珇 珇 琾 現
形	모양 형	부수 彡 | 총 7획	一 二 于 开 开 形 形
兄	형 형	부수 儿 | 총 5획	丨 ㄇ 口 尸 兄
號	이름 호	부수 虍 | 총 13획	丨 ㄇ 口 口 号 号 号 号 號 號 號 號 號
畫	그림 화 | 그을 획	부수 田 | 총 12획	乛 ⺕ ⺕ ⺕ 聿 聿 聿 書 書 畫 畫 畫
花	꽃 화	부수 艸(⺾) | 총 8획	一 十 艹 艹 艹 芢 芢 花
化	될 화	부수 匕 | 총 4획	丿 亻 亻 化
話	말씀 화	부수 言 | 총 13획	丶 亠 亠 言 言 言 言 訁 訐 話 話 話 話
火	불 화	부수 火 | 총 4획	丶 丷 少 火

和	화할 화	부수 口 | 총 8획	丿 二 千 禾 禾 禾 和 和
活	살 활	부수 水(氵) | 총 9획	丶 冫 氵 氵 氵 汗 汗 活 活
黃	누를 황	부수 黃 | 총 12획	一 十 廾 廾 共 共 芇 芇 帯 凿 黄 黃
會	모일 회	부수 曰 | 총 13획	丿 人 𠆢 亼 亼 合 合 侖 侖 命 會 會 會
效	본받을 효	부수 攴(攵) | 총 10획	丶 亠 亣 六 交 交 交 交 效 效
孝	효도 효	부수 子 | 총 7획	一 十 土 耂 耂 考 孝
後	뒤 후	부수 彳 | 총 9획	丿 彡 彳 彳 彳 彳 後 後 後
訓	가르칠 훈	부수 言 | 총 10획	丶 亠 亠 言 言 言 言 訁 訓 訓
休	쉴 휴	부수 人(亻) | 총 6획	丿 亻 亻 什 休 休
凶	흉할 흉	부수 凵 | 총 4획	丿 乂 凶 凶

한자능력검정시험 5급Ⅱ 모의평가 문제지

<table>
<tr><td rowspan="4">5級Ⅱ</td><td colspan="3">*** 5級과 5級Ⅱ는 서로 다른 급수입니다. 반드시 지원 급수를 다시 확인하세요. ***</td></tr>
<tr><td>100문항</td><td>50분 시험</td><td>시험일자 : 20○○. ○○. ○○</td></tr>
<tr><td colspan="3">* 성명과 수험번호를 쓰고 문제지와 답안지는 함께 제출하세요.</td></tr>
<tr><td colspan="3">성명 ____________ 수험번호 □□□-□□-□□□□□</td></tr>
</table>

[問 1~35] **다음 밑줄 친 漢字語의 讀音을 쓰세요.**

[1] 우리 민족은 오천 년 歷史를 이어 오고 있다.

[2] 나는 傳來 동화를 읽으며 어린 시절을 보냈다.

[3] 제주도에는 외국인들이 자주 찾는 觀光 명소가 많다.

[4] 이순신은 우군의 진영을 돌며 軍士들을 격려하였다.

[5] 아빠는 나에게 물고기 잡는 方法을 가르쳐 주셨다.

[6] 내 친구는 날마다 옷을 바꿔 입으며 變身하여 나타났다.

[7] 책을 통해 다양한 知識을 쌓는 일이 중요하다.

[8] 한가위 밝은 달을 보며 所望하는 바를 빌었다.

[9] 방학이 끝나고 개학하는 當日 아침에야 겨우 숙제를 끝냈다.

[10] 시장은 商人들과 오가는 손님들로 발 디딜 틈이 없었다.

[11] 물건을 사려는 사람들이 廣告를 보고 몰려들었다.

[12] 선생님 말씀에 귀 기울이며 筆記하는 학생들의 손이 분주했다.

[13] 주말이면 야구를 관람하는 觀客들로 경기장이 붐볐다.

[14] 택배가 일상화되며 流通 산업의 변화를 가져왔다.

[15] 사회생활을 하기 위해서는 바른 禮節 교육이 필요하다.

[16] 운동을 잘하려면 基本 자세부터 배워야 한다.

[17] 여름방학 때 陸路를 이용하여 자전거 여행을 다녀왔다.

[18] 시를 朗讀하는 모임에 참석하였다.

[19] 설 名節에 설빔으로 차려입고 세배를 드렸다.

[20] 오랜 가뭄 끝에 今週부터 장마가 시작되었다.

[21] 중고 書店에서 절판된 책을 구할 수 있었다.

[22] 시중에서 판매하는 것보다 낮은 價格에 상품권을 구매하였다.

[23] 계절이 바뀌면서 새로운 商品이 출시되었다.

[24] 올 전시회에서는 各種 전자 제품이 새롭게 선을 보였다.

[25] 대형 화재로 인해 文化財가 소실되었다.

[26] 체험 학습을 마친 뒤, 課題로 보고서를 작성하였다.

[27] 오늘날 공룡의 흔적은 化石으로 남아 있다.

[28] 각고의 노력 끝에 빛나는 結實을 맺을 수 있었다.

[29] 그는 조국 독립의 굳은 信念으로 만세 운동에 참여하였다.

▶ 자르는 선

〈계속〉

[30] 중학교를 <u>卒業</u>한 누나에게 선물을 주었다.

[31] 어두운 터널을 <u>通過</u>하자, 환한 빛에 눈이 부셨다.

[32] 사람들이 모두 일어서서 <u>萬歲</u> 삼창을 하였다.

[33] '춘향전'은 우리나라의 <u>古典</u>으로 길이 빛난다.

[34] 휴일에도 문을 연 <u>藥局</u>이 있어서 약을 살 수 있었다.

[35] 아침마다 운동하는 <u>目的</u>은 건강을 유지하기 위함이다.

[問 36~58] 다음 漢字의 訓과 音을 쓰세요.

[36] 史	[37] 臣	[38] 歲
[39] 法	[40] 展	[41] 局
[42] 練	[43] 結	[44] 變
[45] 能	[46] 識	[47] 望
[48] 當	[49] 商	[50] 格
[51] 告	[52] 種	[53] 筆
[54] 流	[55] 節	[56] 宅
[57] 朗	[58] 財	

[問 59~63] 다음 訓과 音을 가진 漢字를 쓰세요.

[59] 말씀 화

[60] 기를 육

[61] 재주 술

[62] 읽을 독

[63] 종이 지

[問 64~66] 다음 漢字의 약자(略字: 획수를 줄인 漢字)를 쓰세요.

[64] 傳

[65] 當

[66] 廣

[問 67~69] 다음 밑줄 친 漢字와 뜻이 반대(또는 상대)되는 漢字를 〈보기〉에서 찾아 그 번호를 쓰세요.

〈보기〉

① 客	② 弱	③ 害
④ 使	⑤ 陸	⑥ 舊

[67] 내용물보다 포장이 과하면 <u>主(　　)</u>이 뒤바뀐 듯한 느낌을 준다.

[68] 노사 간의 <u>利(　　)</u>를 떠나 단결하는 것만이 경제난을 극복하는 길이다.

[69] 국군의 날을 맞아 <u>(　　)海</u>는 물론 하늘에서도 군대 창설의 기념식이 펼쳐졌다.

〈계속〉

◀ 자르는 선

[問 70~72] 다음 漢字와 뜻이 같거나 비슷한 漢字를 〈보기〉에서 찾아 그 번호를 쓰세요.

〈보기〉

① 算	② 實	③ 練	④ 朗
⑤ 育	⑥ 識	⑦ 順	⑧ 節

[70] 과일을 담은 바구니를 들고 카운터로 가서 計(　)하였다.

[71] 발레를 하는 내 친구는 (　)習 벌레라는 별명이 붙었다.

[72] 그 아이는 함박웃음을 띠고 明(　)한 얼굴로 내게 다가왔다.

[問 73~75] 다음 제시한 漢字語와 뜻에 맞는 同音語를 〈보기〉에서 찾아 그 번호를 쓰세요.

〈보기〉

① 國史	② 使臣	③ 萬歲
④ 古傳	⑤ 發展	⑥ 開店

[73] 國事 – (　): 나라의 역사.

[74] 發電 – (　): 더 좋은 상태로 변하는 것.

[75] 萬世 – (　): 축하하기 위해 두 손을 높이 들어 외치는 것.

[問 76~78] 다음 뜻에 맞는 漢字語를 〈보기〉에서 찾아 그 번호를 쓰세요.

〈보기〉

① 流通	② 傳來	③ 筆順
④ 陸路	⑤ 通過	⑥ 價格

[76] 육지에 만든 길.

[77] 예로부터 전하여 내려옴.

[78] 물건이 지니고 있는 가치를 돈으로 나타낸 것.

[問 79~82] 다음 뜻을 가진 성어가 되도록 (　) 안에 들어갈 적절한 漢字語를 〈보기〉에서 찾아 그 번호를 쓰세요.

〈보기〉

① 以	② 傳	③ 節	④ 發
⑤ 明	⑥ 望	⑥ 念	⑦ 種

[79] 公(　)正大: 일이나 하는 행동이 옳고 바름.

[80] 百(　)百中: 무슨 일이든지 생각하는 대로 다 들어맞음.

[81] 父傳子(　): 대대로 아버지가 아들에게 전함.

[82] (　)心傳心: 마음에서 마음으로 뜻이 통함.

▶ 자르는 선

〈계속〉

[問 83~97] 다음 문장의 밑줄 친 漢字語를 漢字로 쓰세요.

[83] 체육복은 야외에서 활동하기에 편한 옷이다.

[84] 자식으로서 부모를 섬기는 일은 마땅히 지켜야 할 도리이다.

[85] 아침마다 문 앞에는 그날그날의 조간 신문이 배달되었다.

[86] 그는 학교생활을 마무리하고 사회로 진출하여 직장 생활을 하였다.

[87] 요즘에 한국을 좋아하는 외국인들이 부쩍 늘었다.

[88] 예의 바른 사람은 상대방의 물음에 공손하게 대답한다.

[89] 휴가철이면 해외로 여행하기 위해 출국하는 이들이 많다.

[90] 수업을 마치고 하교하는 길에 친구를 만났다.

[91] 빼꼼히 열린 창문 틈으로 아침 햇살이 비쳤다.

[92] 점심시간이 끝나고 즐거운 체육 시간이 돌아왔다.

[93] 긴긴 겨울이 지나고 입춘을 맞아 대청소를 하였다.

[94] 그는 실의에 빠진 나에게 희망과 용기를 불어넣어 주었다.

[95] 설에는 떡국을 먹고 추석에는 송편을 먹는다.

[96] 책상 위에 지도를 펼쳐놓고 길을 안내하였다.

[97] 해가 뉘엿뉘엿 기울자 사람들은 하나 둘씩 가정으로 돌아갔다.

[問 98~100] 다음 漢字의 짙게 표시한 획은 몇 번째 쓰는 획인지 〈보기〉에서 골라 그 번호를 쓰세요.

〈보기〉

① 첫 번째	② 두 번째
③ 세 번째	④ 네 번째
⑤ 다섯 번째	⑥ 여섯 번째
⑦ 일곱 번째	⑧ 여덟 번째
⑨ 아홉 번째	⑩ 열 번째
⑪ 열한 번째	⑫ 열두 번째
⑬ 열세 번째	

[98]

[99]

[100]

♣수고하셨습니다.

〈끝〉

◀ 자르는 선

수험번호 □□□-□□-□□□□□ 성명 □□□□□

생년월일 □□□□□□

※ 유성 사인펜, 붉은색 필기구 사용 불가.

※ 답안지는 컴퓨터로 처리되므로 구기거나 더럽히지 마시고, 정답 칸 안에만 쓰십시오. 글씨가 채점란으로 들어오면 오답 처리가 됩니다.

한자능력검정시험 5급Ⅱ 모의평가 답안지(1)

답안란		채점란		답안란		채점란		답안란		채점란	
번호	정답	1검	2검	번호	정답	1검	2검	번호	정답	1검	2검
1				15				29			
2				16				30			
3				17				31			
4				18				32			
5				19				33			
6				20				34			
7				21				35			
8				22				36			
9				23				37			
10				24				38			
11				25				39			
12				26				40			
13				27				41			
14				28				42			

감독위원	채점위원(1)		채점위원(2)		채점위원(3)	
(서명)	(득점)	(서명)	(득점)	(서명)	(득점)	(서명)

▶ 자르는 선

※ 뒷면으로 이어짐.

※ 본 답안지는 컴퓨터로 처리되므로 구겨지거나 더럽혀지지 않도록 조심하시고 글씨를 칸 안에 또박또박 쓰십시오.

한자능력검정시험 5급Ⅱ 모의평가 답안지(2)

답안란		채점란		답안란		채점란		답안란		채점란	
번호	정답	1검	2검	번호	정답	1검	2검	번호	정답	1검	2검
43				63				83			
44				64				84			
45				65				85			
46				66				86			
47				67				87			
48				68				88			
49				69				89			
50				70				90			
51				71				91			
52				72				92			
53				73				93			
54				74				94			
55				75				95			
56				76				96			
57				77				97			
58				78				98			
59				79				99			
60				80				100			
61				81							
62				82							

◀ 자르는 선

[한자능력검정시험 5급Ⅱ 모의평가 정답]

수험번호 □□□-□□-□□□□□ 성명 □□□□□

생년월일 □□□□□□

※ 유성 사인펜, 붉은색 필기구 사용 불가.

※ 답안지는 컴퓨터로 처리되므로 구기거나 더럽히지 마시고, 정답 칸 안에만 쓰십시오. 글씨가 채점란으로 들어오면 오답 처리가 됩니다.

한자능력검정시험 5급Ⅱ 모의평가 답안지(1)

답안란		채점란		답안란		채점란		답안란		채점란	
번호	정답	1검	2검	번호	정답	1검	2검	번호	정답	1검	2검
1	역사			15	예절			29	신념		
2	전래			16	기본			30	졸업		
3	관광			17	육로			31	통과		
4	군사			18	낭독			32	만세		
5	방법			19	명절			33	고전		
6	변신			20	금주			34	약국		
7	지식			21	서점			35	목적		
8	소망			22	가격			36	사기 사		
9	당일			23	상품			37	신하 신		
10	상인			24	각종			38	해 세		
11	광고			25	문화재			39	법 법		
12	필기			26	과제			40	펼 전		
13	관객			27	화석			41	판 국		
14	유통			28	결실			42	익힐 련		

감독위원	채점위원(1)		채점위원(2)		채점위원(3)	
(서명)	(득점)	(서명)	(득점)	(서명)	(득점)	(서명)

▶ 자르는 선

※ 뒷면으로 이어짐.

※ 본 답안지는 컴퓨터로 처리되므로 구겨지거나 더럽혀지지 않도록 조심하시고 글씨를 칸 안에 또박또박 쓰십시오.

한자능력검정시험 5급Ⅱ 모의평가 답안지(2)

답안란		채점란		답안란		채점란		답안란		채점란	
번호	정답	1검	2검	번호	정답	1검	2검	번호	정답	1검	2검
43	맺을 결			63	紙			83	活動		
44	변할 변			64	伝			84	道理		
45	능할 능			65	当			85	新聞		
46	알 식			66	広			86	社會		
47	바랄 망			67	①			87	韓國		
48	마땅 당			68	③			88	對答		
49	장사 상			69	⑤			89	海外		
50	격식 격			70	①			90	下校		
51	알릴 고			71	③			91	窓門		
52	씨 종			72	④			92	體育		
53	붓 필			73	①			93	立春		
54	흐를 류			74	⑤			94	勇氣		
55	마디 절			75	③			95	秋夕		
56	집 택			76	④			96	地圖		
57	밝을 랑			77	②			97	家庭		
58	재물 재			78	⑥			98	⑧		
59	話			79	⑤			99	⑩		
60	育			80	④			100	⑧		
61	術			81	②						
62	讀			82	①						

◀ 자르는 선

정답은
이안에
있어!

수학 전문 교재

●면산 학습

빅터연산	예비초~6학년, 총 20권
참의융합 빅터연산	예비초~4학년, 총 16권

●개념 학습

개념클릭 해법수학	1~6학년, 학기용

●수준별 수학 전문서

해결의법칙(개념/유형/응용)	1~6학년, 학기용

●단원평가 대비

수학 단원평가	1~6학년, 학기용

●단기완성 학습

초등 수학전략	1~6학년, 학기용

●상위권 학습

최고수준 S 수학	1~6학년, 학기용
최고수준 수학	1~6학년, 학기용
최강 TOT 수학	1~6학년, 학년용

●경시대회 대비

해법 수학경시대회 기출문제	1~6학년, 학기용

예비 중등 교재

●해법 반편성 배치고사 예상문제	6학년
●해법 신입생 시리즈(수학/명어)	6학년

맞춤형 학교 시험대비 교재

●열공 전과목 단원평가	1~6학년, 학기용(1학기 2~6년)

한자 교재

●한자능력검정시험 자격증 한번에 따기	8~3급, 총 9권
●씽씽 한자 자격시험	8~5급, 총 4권
●한자 전략	8~5급Ⅱ, 총 12권

기초 학습 능력 강화 프로그램 & (사)한국어문회 주관 한자능력검정시험 대비 겸용

똑똑한 하루 한자

(사)한자교육진흥회 주관 한자실력급수 자격시험 대비

씽씽 한자 자격시험

• 권장 학년: [8급] 초등 1학년 [7급] 초등 2,3학년
[6급] 초등 4,5학년 [5급] 초등 6학년

(사)한국어문회 주관 한자능력검정시험 대비

자격증 한번에 따기

• 권장 학년: 초등 1학년
• 권장 학년: 초등 2,3학년
• 권장 학년: 초등 4,5학년
• 권장 학년: 초등 6학년
• 권장 학년: 중학생
• 권장 학년: 고등학생